Jaqueline Sharma

Scrum und das Standardmodell wirksamen Managements nach Malik:
Eine Synthese systemischen Managements

Jaqueline Sharma

SCRUM UND DAS STANDARDMODELL WIRKSAMEN MANAGEMENTS NACH MALIK:

EINE SYNTHESE SYSTEMISCHEN MANAGEMENTS

ibidem-Verlag
Stuttgart

Bibliografische Information der Deutschen Nationalbibliothek
Die Deutsche Nationalbibliothek verzeichnet diese Publikation in der Deutschen Nationalbibliografie; detaillierte bibliografische Daten sind im Internet über http://dnb.d-nb.de abrufbar.

Bibliographic information published by the Deutsche Nationalbibliothek
Die Deutsche Nationalbibliothek lists this publication in the Deutsche Nationalbibliografie; detailed bibliographic data are available in the Internet at http://dnb.d-nb.de.

Coverabbildung: © Claudia Hautumm / PIXELIO

∞

Gedruckt auf alterungsbeständigem, säurefreien Papier
Printed on acid-free paper

ISBN-13: 978-3-8382-0366-9

Printed in Germany

Abstract

Im Lichte der zunehmenden Vernetzung und Globalisierung unserer Welt haben Unternehmen und Organisationen mit der immer weiter steigenden Komplexität ihrer Umwelt und den Einflüssen auf ihre eigenen Geschäfte zu kämpfen. Systemisches Management, welches erlaubt, mit dieser Komplexität erfolgreich umzugehen, kann als Erfolgsfaktor für Unternehmen betrachtet werden.

Scrum ist eine praxisorientierte Managementmethodik, das Modell Maliks ist ein praxisorientiertes Standardmodell. Beide erheben den Anspruch, für den Einsatz in komplexem Umfeld geschaffen zu sein.

Die Forschungsbereiche der Kybernetik und die darauf aufbauenden Felder der Managementkybernetik bzw. der systemischen Führungsansätze, die sich mit Management in komplexen Systemen befassen, sind bereits seit Mitte des letzten Jahrhunderts aktiv.

Scrum ist hingegen eine ganz junge Methodik, die zu Anfang dieses Jahrtausends (2001) geboren wurde. Sie wird in dieser Studie dem Standardmodell Maliks gegenübergestellt, um ihre Tauglichkeit an diesem zu messen.

Ausreichende empirische Untersuchungen zur Wirksamkeit von Managementmethoden, insbesondere von Scrum oder dem Standardmodell Maliks, stehen aus. Das Modell Maliks wird als Prüfstein gewählt, da es auf ein breites und tiefes wissenschaftliches Fundament aufbaut.

Wie zu sehen sein wird, ist die Methodik Scrum, die im Wesentlichen auf den empirischen Untersuchungen von Nonaka und Takeuchi im Wissensmanagement aufbaut, sehr nahe an den aus der Managementkybernetik gewachsenen Vorstellungen Maliks.

Eine Synthese beider Ansätze zu einem systemischen Ansatz liegt nahe und ist empfehlenswert. Scrum kann als ein Instrumentarium wirksamen systemischen Managements eingesetzt werden.

Inhaltsverzeichnis

Abbildungsverzeichnis

Tabellenverzeichnis

1 Einführung

1.1 Problemstellung

Scrum ist eine junge Managementmethodik, die im Umfeld agiler Softwareentwicklung entstanden ist[1]. Herkömmliche Vorgehensweisen, insbesondere in IT-Projekten, haben häufig nicht zu den gewünschten Erfolgen geführt[2]. Scrum scheint Lösungen anzubieten. Dieser Ansatz verbreitet sich mittlerweile zunehmend und findet allmählich sogar außerhalb der IT seinen Einsatz.

Bislang ist die Betrachtung von Scrum aber noch immer stark geprägt vom Standpunkt der Softwareentwicklung unter pragmatischen Gesichtspunkten. Diskussionen finden überwiegend innerhalb der Entwicklergemeinde statt. Vorträge ergänzen die Methodik um eine Fülle von dienlichen Best-Practices im Rahmen von IT-Projekten. Auch wenn die Befürworter zunehmend managementtaugliche Argumente[3] für eine Anwendung von Scrum liefern, so erschöpfen sich diese doch in einzelnen Fallbeispielen. Weder relevante empirische noch relevante theoretische wissenschaftliche Arbeiten werden in der Regel[4] referenziert.

Diese Studie löst sich deshalb von dem Blickwinkel der Softwareentwicklung. Sie vollzieht einen vollständigen Perspektivenwechsel zum Management und wählt als Standpunkt das Standardmodell wirksamen Managements nach

---

1 Erstmals beschrieben von Ken Schwaber und Mike Beedle in dem Buch "Agile Software Development with Scrum".

2 Der Chaos Report der Standish Group veröffentlicht alljährlich Auswertungen von IT-Projekten. Seit Jahren bleibt die Erfolgsquote erschreckend niedrig (ca. < 40%).

3 Auf der OOP 2011 wurde z.B. ein Business Case Agilität gezeigt, um die Rentabilität von Projekten bei verschiedenen Vorgehensweisen gegenüberzustellen.

4 Ausnahme: Boris Gloger widmet in seinem Buch "Scrum" immerhin ein ganzes Kapitel dem Thema 'Hintergründe und Motivation' und bezieht sich dort auf viele renommierte Autoren und Arbeiten.

Fredmund Malik[5]. Aus diesem Blickwinkel geht es um die Wirksamkeit von Scrum als Managementmethodik in einem komplexen Umfeld.
Das Standardmodell für Managementwirksamkeit von Fredmund Malik ist als Ausgangspunkt für die Analyse von Scrum insofern geeignet, als eine grundlegende Übereinstimmung der Modelle auf der Meta-Ebene zu finden ist. Beide definieren ihren Anwendungsbereich im weitesten Sinne in einem komplexen Umfeld. Beide definieren ein allgemeines Regelwerk und Prinzipien, anstelle eines bestimmten Vorgehensmodells. Beide vollziehen den Bezug ihres Regelwerkes zur Praxistauglichkeit.
In dieser Studie wird also das Standardmodell guten und richtigen Managements von Malik als Prüfstein für die Managementmethodik Scrum eingesetzt.

1.2 Relevanz des Themas

Wie bereits erwähnt, belegen aktuelle Berichte, wie der Chaos Report[6] der Standish Group, eindrucksvoll, dass das häufige Scheitern von IT-Projekten immer noch an der Tagesordnung ist. Nicht zuletzt aufgrund dieser Problemstellung hat sich die Managementmethodik Scrum entwickelt und findet zunehmende Verbreitung[7]. Schon deshalb lohnt sich eine nähere Betrachtung von Scrum.
Gleichzeitig kämpfen heutzutage fast alle Unternehmen mit dem Phänomen der komplexer werdenden Umwelt, in der weiter zunehmende Flexibilität und Schnelligkeit gefordert werden. Die Kybernetik als Wissenschaft beschäftigt sich mit dem Verhalten komplexer Systeme und bietet in Form der Managementkybernetik moderne Antworten für das Management.
In unserer Welt der zunehmenden Vernetzung und Globalisierung ist mit entsprechend weiter steigender Komplexität zu rechnen. Systemisches Ma-

---

5 Beschrieben in seinem Buch "Führen Leisten Leben", siehe Literaturverzeichnis Malik01

6 Vgl. Wiki_ChaosReport, gelesen am 6.11.2011; etwas ausführlichere Informationen findet der interessierte Leser im PM-Blog http://pm-blog.com/2010/01/29/chaos-report-viel-zitiert-aber-was-steckt-dahinter/

7 Vgl. Kapitel: Scrum, Historie

nagement kann als Erfolgsfaktor für Unternehmen betrachtet werden, wenn es ermöglicht, erfolgreich mit dieser Komplexität umzugehen.
Sowohl Malik als auch Scrum bieten ein Modell für wirksames Management in einer komplexen Umwelt. Scrum als Methodik des systemischen Managements zu verstehen und mit dem Modell Maliks zu verknüpfen, wird helfen, den Erfolg der Methodik wissenschaftlich zu untermauern. Die Betrachtung ist außerdem ausgesprochen nützlich, weil sie zusätzliches Handwerkszeug für wirksames Management liefert und mögliche Fallstricke zeigt. Das Kapitel *Scrum auf dem* Prüfstein vollzieht genau diese Betrachtung und erlaubt ein anschließendes Fazit.

1.3 Aktueller Stand der Forschung

In diesem Kapitel soll kurz der aktuelle Stand der relevanten Forschung zum Thema aufgezeigt werden. Die wissenschaftlichen Hintergründe zu Scrum und dem Managementmodell Maliks sind separat in den entsprechenden Kapiteln zu finden.

1.3.1 Scrum

Scrum ist eine einfache Methodik, die vielfach beschrieben[8] ist. Zunehmend wird das zugrunde liegende Managementgerüst um Best Practices[9] ergänzt. Bezüglich der Methodik und ihrer Anwendung gibt es also hinreichend Literatur.
Der wissenschaftliche Hintergrund von Scrum ist weniger stark ausgeführt und diskutiert. Ken Schwaber, als einer der Erfinder von Scrum, widmet dem Thema *die Wissenschaft von Scrum* ein Buchkapitel[10], in welchem von *empirischer Prozesssteuerung* und der Komplexität in der Softwareentwicklung die Rede ist. Beides umfasst aber zusammen nur ca. 4 Seiten.

---

8 z.B. Scrum_Pichler, Scrum_Gloger, Scrum_Cohn, die in dieser Studie hauptsächlich referenziert werden; siehe Literaturverzeichnis
9 Vgl. Kapitel: Scrum, Typische Praktiken
10 Vgl. Scrum_Schwaber, S. 1 - 16

Darüber hinaus werden die von Nonaka und Takeuchi[11] beschriebenen Veränderungsansätze der Produktentwicklung und das von Nonaka[12] beschriebene Wissensmanagement als Wurzeln von Scrum genannt.
Eine Arbeit[13] der Universität Bamberg betrachtet agile Softwareentwicklung (besonders am Beispiel Scrum) aus dem Blickwinkel der Kybernetik.
Zum Thema Scrum außerhalb von IT-Unternehmen scheint es noch keine zugängliche Literatur zu geben, von Forschung ganz zu schweigen. Aber im Kontext des Change Managements[14] und in Scrum-Blogs[15] finden sich Angebote, Fragen und Diskussionen dazu.
Im Rahmen dieser Studie werden die recherchierten wissenschaftlichen Hintergründe zusammengefasst dargestellt[16].

1.3.2 Systemisches Management

Zunehmende Forschungsaktivitäten im systemischen Management und systemischer Führung sind die Antwort auf die steigende Komplexität unserer immer stärker vernetzten und globalisierten Welt.
Frühe Wurzeln liegen in der Managementkybernetik.

> "Im Gegensatz zu linear-kausalen Management-Modellen, in denen eine Organisation nach bewusst vorgefassten Plänen gesteuert wird, nimmt die Managementkybernetik auf die Dynamik und Unvorhersehbarkeit komplexer Systeme explizit Rücksicht. Vorgefertigte Pläne mit linearer Grundlage können dies nicht, kybernetische Rückkopplungsschleifen mit zirkulärer Grundlage schon. Komplexität wird darin nicht auf wenige Variablen reduziert, sondern durch fortschreitende, interaktive Rückkopplungsprozesse informativ und operativ erschlossen. Ziel ist die Maximierung der Lebensfähigkeit sozialer Systeme (d.h. Optimierung innerer Prozesse und äußerer Anpassungsfähigkeit), die bereits dem 1959 von Stafford Beer entwickelten Viable System Model zugrunde liegt."[17]

---

11 Siehe Literaturverzeichnis Scrum_roots
12 Siehe Literaturverzeichnis Scrum_Wissensmanagement
13 Siehe Literaturverzeichnis Modelle_Biberger
14 http://www.wibas.de/services/scrum/warum_scrum_mit_wibas/index_de.html
15 z.B. https://www.xing.com/net/scrummaster/fragen-und-antworten-zu-scrum-q-a-115531/
16 Vgl. Kapitel: Scrum, Wissenschaftliche Hintergründe
17 Wiki_Managementkybernetik, gelesen am 28.04.2011

Das genannte *Viable System Model* von Stafford Beer dient der Managementkybernetik auch heute noch als Basis.
Weit gefasst ist Frederic Vesters Bericht an den Club of Rome "Die Kunst vernetzt zu denken", welcher 2011 in der 8. Auflage erschienen ist. Er hat nichts von seiner Aktualität verloren. Sein biokybernetischer Ansatz greift auf allen Ebenen des Daseins. Die Einsicht in *unsere Welt als vernetztes System* wird zugrunde gelegt. Vesters Forschung auf diesem Gebiet umfasst drei Jahrzehnte.[18]
2011 hat auch Cyrus Achouri seine Erkenntnisse über systemisches Management im 21. Jahrhundert in seinem Buch "Wenn Sie wollen, nennen Sie es Führung" veröffentlicht. Hier werden Ansätze verschiedener Disziplinen zu einem roten Faden verknüpft. Die Themencluster erstrecken sich wie folgt:

> "[...] von Evolutionsbiologie, Physik, Chaosforschung, Erkenntnistheorie, Philosophie, Kognitionswissenschaften, Entwicklungspsychologie, Coaching/Therapie und kultureller Evolution bis hin zur aktuellen Führungsstillehre und zu systemischem Management."[19]

Nichtsdestotrotz bekennt der Autor sich zu einer notwendigerweise bruchstückhaften Arbeit, da es bereits auf dem Gebiet einzelwissenschaftlicher Forschung unmöglich ist, den aktuellen Forschungsstand zu spiegeln. Er versteht die Systemtheorie als gemeinsame Sprache, die sich aus unterschiedlichen Disziplinen herausgebildet hat.[20]
Malik, mit seinem Standardmodell wirksamen Managements im Sinne eines generellen und ganzheitlichen Ansatzes, ist ein stark praxisorientierter Ansatz, der auch ohne wissenschaftliche Kenntnisse, insbesondere auch ohne Kenntnisse der nicht ganz trivialen Managementkybernetik, verständlich und umsetzbar sein soll. Sein Modell kann als Anleitung für jeden Manager und für die Etablierung persönlicher wirksamer Führungsmethodiken dienen. Der

---

[18] Vgl. Vester, Vorwort, S. 9ff
[19] Achouri, Einführung, S. 17
[20] Vgl. Achouri, Einführung, S. 16ff

wissenschaftliche Hintergrund des Modells ist in verschiedenen systemtheoretischen Wissenschaften zu finden.[21]

Ein weiterer systemischer Führungsansatz ist der *Wiener Ansatz*, der sich sehr stark an der Theorie sozialer Systeme von Niklas Luhmann anlehnt. Die *Akademie für Führungskräfte der Wirtschaft* vertritt den Ansatz, dass Führung heißt, Rahmenbedingungen zu gestalten und Impulse zu setzen. Und letztlich gibt es noch das *systemische Management*, welches sich sowohl an systemtheoretischen als auch an betriebswirtschaftlichen und organisationstheoretischen Konzepten orientiert.[22]

Relevant sind im Folgenden insbesondere das Viable System Model von Stafford Beer und das Modell Maliks.

1.4 These

Die These dieser Studie lautet:

Scrum ist eine geeignete Methodik für wirksames Management im Sinne Fredmund Maliks.

Im Einzelnen setzt sich die These aus folgenden Annahmen zusammen:

1. Genau wie das Standardmodell Maliks ist auch Scrum dezidiert für den Einsatz in einem komplexen Umfeld geschaffen.
2. Grundsätze, Aufgaben und Werkzeuge lassen sich in Scrum sinnvoll realisieren, nennenswerte Widersprüche sind nicht zu sehen.
3. Scrum bietet geeignete Strukturen, um das Modell Maliks umzusetzen.
4. Scrum lässt sich systemisch skalieren, sodass ein Einsatz unternehmungsweit möglich ist.

1.5 Inhalte

Ein wichtiger Bestandteil dieser Studie ist die Untersuchung der in Beziehung zu setzenden Modelle. Deshalb sind zunächst sowohl die Methodik *Scrum* als auch das *Standardmodell wirksamen Managements* von Fredmund Malik Gegenstand genauer Betrachtung.

---

[21] Vgl. Kapitel: Standardmodell wirksamen Managements, Wissenschaftlicher Hintergrund

[22] Vgl. Wiki_SystemischeFührung, gelesen am 16.10.2011

Ausgehend vom Managementmodell Maliks werden anschließend sämtliche Elemente auf Scrum angewendet und bewertet. Außerdem wird beleuchtet, ob sich die dem Malik-Modell zugrunde liegenden kybernetischen Darstellungen auf Scrum ebenfalls anwenden lassen, Scrum somit grundsätzlich als *lebensfähige Organisationsform* tauglich ist und sich entsprechend systemisch skalieren lässt.

Scrum wird also *auf den Prüfstein* gestellt. Diese Prüfung ermöglicht als Fazit den Beleg oder die Widerlegung der These.

Eine Bewertung oder Diskussion des Modells von Malik ist nicht Gegenstand dieser Studie.

1.6 Methoden

Als Grundlage für die Studie dienen insbesondere einschlägige Fachliteratur und wissenschaftliche Arbeiten. Aber auch die persönlichen Kenntnisse und Erfahrungen der Verfasserin schlagen sich in Form von Referenzen auf Schulungen und Konferenzen sowie im Rahmen der Literaturrecherche und Textanalysen nieder.

Ausgehend von der These dieser Studie lautet die hauptsächliche Fragestellung, die es zu untersuchen gilt: **Kann Scrum als wirksame Managementmethodik im Sinne Maliks betrachtet werden?**

Aus obiger Hauptfrage leiten sich zunächst die Fragen zur Begrifflichkeit *Scrum* und *wirksames Management nach Malik* sowie dem inhaltlichen Verständnis und dem Anwendungsbereich von Beidem ab.

Diese Fragen sollen wie folgt beantwortet werden:

1. Literaturrecherche, Analyse und schließlich zusammenfassende Vorstellung der Managementmethodik Scrum und der relevantesten dazugehörigen Praktiken.
2. Einführung in das *Standardmodell der Managementwirksamkeit* anhand textnaher Exzerpte von Maliks Ausführungen aus seinem Buch "Führen Leisten Leben"[23].

[23] Siehe Literaturverzeichnis Malik01

3. Literaturrecherche, Analyse und schließlich zusammenfassende Vorstellung der wissenschaftlichen Hintergründe, insbesondere im Kontext der *Managementkybernetik,* da diese eine gemeinsame Basis beider Modelle auf der Meta-Ebene bilden kann.

Im Anschluss an diese einführenden Untersuchungen wird das Managementmodell als Ausgangspunkt gewählt und Scrum theoretisch darauf angewandt. Diese weiterführende Untersuchung orientiert sich hauptsächlich an der Struktur von Maliks Managementmodell. Im Einzelnen wird dabei jeweils betrachtet, inwieweit Scrum die Modellelemente Maliks unterstützen kann und gegebenenfalls inwieweit Scrum sich durch Elemente des Modells gut ergänzen ließe.

Darüber hinaus wird die Tauglichkeit von Scrum im Kontext der Betrachtung eines lebensfähigen Systems kurz aufgezeigt. Es geht darum festzustellen, ob der Einsatz auch für eine gesamte Organisation, die ebenfalls als lebensfähiges System betrachtet wird, denkbar ist.

Im Gesamten soll so zunächst oben genannte Hauptfrage *Kann Scrum als wirksame Managementmethodik im Sinne Maliks betrachtet werden?* beantwortet werden. Darüber hinaus soll die Eignung einer Synthese beider Ansätze für systemisches Management festgestellt werden.

2 Scrum

In diesem Kapitel wird Scrum mit den wesentlichen Hintergründen, Prinzipien, Werten und Regeln beschrieben. An einigen Stellen sind gezielt erste Bezüge zur Managementkybernetik hergestellt.

2.1 Zusammenfassung[24]

Scrum ist eine moderne Managementmethodik, die ihre Wurzeln im Wissensmanagement hat. Es ist ein schlankes Verfahren, welches auf definierten Regeln und Grundsätzen basiert. Es werden nur wenige Rollen, Meetings und Artefakte vorgeschrieben, diese aber zwingend. Die Methodik ist iterativ-inkrementell und adaptiv. Die einzelnen Elemente (Rollen, Meetings, Artefakte, Grundsätze und Regeln) und deren Zusammenspiel bleiben stabil, die Ausprägungen, in denen sie realisiert werden, unterliegen jedoch der kontinuierlichen Verbesserung und somit Anpassung.

Die beteiligten *Rollen* arbeiten gemeinsam an einem Ziel. Die Rolle *Product-owner* ist die Entscheidungsinstanz hinsichtlich der Wertschöpfung und bezüglich der Priorisierung aller Teilziele. Die Rolle *Team* ist das operative Element hinsichtlich der Realisierung. Die Rolle *Scrum Master* ist das koordinierende, unterstützende und kontrollierende Element, sozusagen *das Schmieröl im Getriebe*.

Die *Artefakte* unterstützen die zielorientierte Zusammenarbeit. Das *Product-backlog* ist eine Liste priorisierter Anforderungen. Das *Sprintbacklog* ist die Liste der Anforderungen, die gemeinsam für eine Iteration geplant wurde. Der *Burndownchart* ist eine Liste der *Aktivitäten* und *Hindernisse*, die während der Iteration abgearbeitet werden.

Die *Meetings* unterstützen die *risikobasierte Priorisierung* und *Planung* der Anforderungen und Tätigkeiten sowie die *Transparenz* und *Verbesserung* von *Ergebnissen* und *Prozessen*. Das *Planning Meeting* dient der jeweiligen Iterationsplanung, das *Daily Scrum* dient der täglichen Transparenz über Fort-

---

24 Einzelnachweise finden sich in den einzelnen Folgekapiteln.

schritt und Arbeitshindernisse. Das *Review* dient der Kontrolle des Iterationsergebnisses hinsichtlich des Sprintziels. Die *Retrospektive* dient der Verbesserung der Arbeitsabläufe und der Zusammenarbeit.
Eine Iteration wird als *Sprint*[25] bezeichnet und hat immer dasselbe Zeitfenster. Jeder Sprint erzeugt ein lauffähiges Produktinkrement.

2.2 Definition von Scrum

> "Methodik für das Management von Arbeit, in einem Umfeld mit unklaren oder sich häufig ändernden Anforderungen."[26]

Diese Definition beschreibt sehr treffend das Wesen von Scrum. Es geht um eine abstrakte Managementmethodik, nicht konkrete Vorgehensweisen. Gerne wird Scrum deshalb auch als *Managementgerüst* oder *Managementframework* bezeichnet.
Der Anwendungsbereich *in einem Umfeld mit unklaren oder sich häufig ändernden Anforderungen* beschreibt die Situation, aus der sich komplexe adaptive Systeme[27] entwickelt haben.
Kurz gesagt geht es also um Management in einem komplexen Umfeld.

2.3 Paradigmenwechsel

Wesentliche Voraussetzung im technischen Projektmanagement, um Scrum tatsächlich zu realisieren, ist ein grundlegender Paradigmenwechsel. Die Grundhaltung wechselt hin zur Akzeptanz oder sogar Befürwortung von Veränderungen. Kurz gesagt: **Ja zu Veränderungen**. Dieser Standpunkt ist der logische Schritt, wenn als Ziel der Entwicklung die Wertschöpfung für den Kunden im Vordergrund steht. Denn, wie Ken Schwaber richtig festgestellt hat, wissen die Kunden in den seltensten Fällen von Anfang an, was sie genau benötigen:

> "In den meisten Fällen beginnen diese Kunden erst dann zu begreifen, was sie möchten, wenn sie mit einer Interpretation ihrer Vorstellungen, etwa durch Her-

25 Vgl. Kapitel: Scrum, Sprints
26 Frei übersetzt nach Joseph Pelrine, Scrum Master Schulung, 2008
27 Vgl. Kapitel: Grundlagen zur Managementkybernetik, Komplexe adaptive Systeme

> stellung eines Prototyps, konfrontiert werden. Die Anforderungen solcher Kunden sind komplex, da ihre Erfordernisse nicht nur vieldeutig und unklar sind, sondern sich noch dazu auch ständig ändern."[28]

Im "Agilen Manifest" geben die ersten zwei Prinzipien dies sehr gut wieder. Dort findet sich als oberstes Ziel die frühe und stetige Auslieferung von immer neu wertschöpfenden Produktinkrementen. Des Weiteren werden Änderungen überhaupt, selbst in späten Entwicklungsphasen, willkommen geheißen. Agile Prozesse unterstützen Änderungen, zum Wettbewerbsvorteil des Kunden.[29]
Eine einfache, alltagstaugliche Formulierung findet sich in dem Buch "Die Kraft von Scrum"[30]:

> "In den letzten Jahrzehnten haben wir in unserer Branche doch gelernt, dass Anforderungen niemals komplett sind und sich immer verändern. Dagegen sollten wir nicht ankämpfen; wir müssen es als Chance begreifen und mit der Veränderung arbeiten. Das ist genau das, was Scrum macht."

Der Paradigmenwechsel bedeutet also, dass nun die Unvorhersehbarkeit im Rahmen des komplexen Umfeldes akzeptiert wird. Es wird *mit ihr* gearbeitet, nicht gegen sie. Anstelle der deterministischen, sequentiellen Vorgehensweise der klassischen Ingenieursdisziplinen[31] kann somit ein adaptiver (iterativ-inkrementeller), empirischer Prozess[32] treten.
Die iterativ-inkrementelle Vorgehensweise[33] bedeutet, dass anstelle des *horizontalen* Schnittes, der in der traditionellen Entwicklung – insbesondere dem Wasserfallmodell[34] (jede Phase eine horizontale Schicht) – zu sehen ist, ein *vertikaler* Schnitt vollzogen wird. Statt sequentiell jede Phase (horizontale Schicht) zu beenden und dann erst die nächste zu beginnen, wird mit jeder Iteration ein gesamter Produktentwicklungszyklus (vertikal durch alle Schich-

---

[28] Scrum_Schwaber, Komplexe Software-Entwicklung, S. 4-5
[29] Vgl. Kapitel: Scrum, Werte
[30] Scrum_HWolfEtAl, Scrum, S. 18
[31] Vgl. Modelle_Lehmbach, Analogie zu klassischen Ingenieursdisziplinen, S. 50ff
[32] Vgl. Modelle_Lehmbach, Prämissen und Ansatz der agilen Entwicklung, S. 66ff
[33] Vgl. Wiki_IterInkr, gelesen am 28.04.2011
[34] Vgl. Wiki_Wasserfall, gelesen am 28.04.2011

ten) durchlaufen. Innerhalb jedes vertikalen Schnittes sind keine horizontalen Schichten mehr definiert.
In Analogie zur Systemtheorie, insbesondere zu komplexen adaptiven Systemen, wird auf Selbstorganisation und Emergenz gesetzt.[35]

2.4 Werte

2.4.1 "Agiles Manifest"

Im Jahre 2001 wurde in Utah das sogenannte "Agile Manifest" niedergeschrieben[36]. Darin werden die Werte und Grundsätze der agilen Entwicklung dargestellt. Auch in Scrum bildet dieses Manifest das Wertegerüst für die praktische Umsetzung.[37]

Hier das "Agile Manifest" in der Originalformulierung[38]:

"**Manifesto for Agile Software Development**
We are uncovering better ways of developing software by doing it and helping others do it.

Through this work we have come to value:
Individuals and interactions *over* *processes and tools*
Working software *over* *comprehensive documentation*
Customer collaboration *over* *contract negotiation*
Responding to change *over* *following a plan*

That is, while there is value in the items on the right, we value the items on the left more.

Kent Beck
Mike Beedle
Arie van Bennekum
Alistair Cockburn
Ward Cunningham
Martin Fowler
James Grenning
Jim Highsmith
Andrew Hunt
Ron Jeffries
Jon Kern
Brian Marick
Robert C. Martin
Steve Mellor
Ken Schwaber
Jeff Sutherland
Dave Thomas

---

35 Vgl. Kapitel: Grundlagen zur Managementkybernetik, Komplexe adaptive Systeme
36 Vgl. Kapitel: Scrum, Historie
37 Vgl. Wiki_Scrum, Abschnitt 1, Grundannahmen, gelesen am 28.04.2011
38 Agilemanifesto, gelesen am 28.04.2011

© 2001, the above authors – this declaration may be freely copied in any form, but only in its entirety through this notice."

Im Detail werden die oben aufgeführten Werte durch zwölf Grundsätze[39] untermauert:

"Principles behind the Agile Manifesto
We follow these principles:
Our highest priority is to satisfy the customer through early and continuous delivery of valuable software.
Welcome changing requirements, even late in development. Agile processes harness change for the customer's competitive advantage.
Deliver working software frequently, from a couple of weeks to a couple of months, with a preference to the shorter timescale.
Business people and developers must work together daily throughout the project.
Build projects around motivated individuals. Give them the environment and support they need, and trust them to get the job done.
The most efficient and effective method of conveying information to and within a development team is face-to-face conversation.
Working software is the primary measure of progress.
Agile processes promote sustainable development. The sponsors, developers, and users should be able to maintain a constant pace indefinitely.
Continuous attention to technical excellence and good design enhances agility.
Simplicity—the art of maximizing the amount of work not done—is essential.
The best architectures, requirements, and designs emerge from self-organizing teams.
At regular intervals, the team reflects on how to become more effective, then tunes and adjusts its behavior accordingly."

2.4.2 Schlanke Produktion

Neben dem "Agilen Manifest" als definiertem Wertegerüst finden sich Parallelen zu den Prinzipien der sogenannten *schlanken Produktion.* Scrum ist selbst ein schlanker Prozess.[40] Einige Grundsätze (ohne Anspruch auf Vollständigkeit), die insbesondere für die Betrachtung des Managementmodells von Malik interessant sind[41], werden im Folgenden kurz dargestellt.

---

[39] Agilemanifesto, /principles.htm, gelesen am 28.04.2011
[40] Vgl. Scrum_Pichler, Scrum und schlankes Management, S. 3
[41] Vgl. Kapitel: Standardmodel wirksamen Managements

Genchi Genbutsu: zur Quelle gehen, um Fakten zu finden, um die richtigen Entscheidungen zu fällen, Einigung zu erzielen und Ziele zu erreichen.[42]
Bei Scrum findet sich die Aufforderung zu *Genchi Genbutsu* vor allem für die Rolle des Productowners, aber auch für die Teamrolle. [43]
Kaizen: Streben nach ständiger Verbesserung.[44]
Die Retrospektive im Scrum ist die Institutionalisierung der kontinuierlichen Verbesserung.[45]
Jidoka: Selbstkontrolle und automatisches Prüfen.[46]
In Scrum sind die Teams selbst für die Qualität des Produktes verantwortlich.[47] Das Impedimentbacklog[48] sowie die Meetings Review und Retrospektive[49] sind wesentliche Bestandteile zur Umsetzung des Qualitätsanspruchs.

2.4.3 Selbstverpflichtung

Ein weiterer wichtiger Grundsatz von Scrum ist die Selbstverpflichtung. Diese betrifft die Kernrollen[50] im Modell. Das Planning Meeting[51] endet immer mit der Selbstverpflichtung aller Beteiligten (in den Kernrollen), das Sprintziel zu erreichen.
Seitens des Teams bedeutet dies, dass die aufgestellte Planung für den Sprint aus seiner Sicht realistisch ist. Es selbst hat die Inhalte geschätzt und nehmen nur so viele Anforderungen in den Sprint, wie es selbst glauben, realisieren zu können.
Seitens des Productowners bedeutet dies, dass aus seiner Sicht die aktuell höchst priorisierten Anforderungen aufgenommen wurden, um das Sprintziel zu erreichen. Dies bedeutet, dass er das Team während des Sprints nicht

---

42 Vgl. Toyota, gelesen am 28.04.2011
43 Vgl. Kapitel: Scrum, Rollen
44 Vgl. Toyota, gelesen am 28.04.2011
45 Vgl. Kapitel: Scrum, Meetings
46 Vgl. Wiki_TPS, Abschnitt 1.5, Vermeidung von Fehlern, gelesen am 28.04.2011
47 Vgl. Kapitel: Scrum, Rollen
48 Vgl. Kapitel: Scrum, Artefakte
49 Vgl. Kapitel: Scrum, Meetings
50 Vgl. Kapitel: Scrum, Rollen
51 Vgl. Kapitel: Scrum, Meetings

mit weiteren Anforderungen stören wird und für Rückfragen zur Verfügung steht.
Seitens des Scrum Masters bedeutet die Selbstverpflichtung zum einen, dass er alles tun wird, um das Team bei der Erreichung des Sprintziels zu unterstützen. Zum anderen bedeutet es aber auch, dass er anhand der Moderation des Sprint Planning gewährleistet hat, dass das Ziel tatsächlich realistisch erscheint.

2.5 Rollen

2.5.1 Kernrollen und Randrollen

Scrum unterscheidet zwei Arten von Rollen: die sogenannten *core roles,* hier als *Kernrollen* bezeichnet, und die sogenannten *ancillary roles*, hier als *Randrollen* bezeichnet. Es gibt drei *Kernrollen* in Scrum. Diese sind exakt definiert, als *Productowner*, *Scrum Master* und *Team* (s.u.). In den *Randrollen* werden zum einen die *Manager* und zum anderen alle weiteren Interessengruppen (*Stakeholder*) zusammengefasst.
Die Unterscheidung dieser Rollen wird im englischsprachigen Raum anhand der "Geschichte vom Huhn und vom Schwein" mit einer Wortspielerei dargestellt. Die Geschichte lautet wie folgt:

> "A pig and a chicken are walking down a road. The chicken looks at the pig and says, 'Hey, why don't we open a restaurant?' The pig looks back at the chicken and says, 'Good idea, what do you want to call it?' The chicken thinks about it and says, 'Why don't we call it 'Ham and Eggs'?' 'I don't think so,' says the pig, 'I'd be committed, but you'd only be involved.'"[52]

Die Wortspielerei mit dem Verb *commit* (to be committed = ausgeliefert sein → to commit oneself = sich selbst verpflichten) ist recht einprägsam für die Unterscheidung der Rollenarten: die *Kernrollen* (= pig), die im Rahmen von Scrum mit jedem Sprint eine Selbstverpflichtung zur Zielerreichung eingehen, und die *Randrollen* (= chicken), die lediglich beteiligt sind, indem sie ih-

[52] Scrum_Schulung, 4-2

ren Input liefern. Die Randrollen bezeichnen im weiteren Sinne die *Stakeholder*.

2.5.2 Productowner[53]

Der Productowner hat eine Schlüsselrolle in Scrum. Er wird bildlich auch als *single wringable neck* bezeichnet. Er ist also **der** Verantwortliche für den Erfolg des Projektes. In seiner Verantwortung liegt das Management der Anforderungen **aller** *Stakeholder*. Hierzu ist er gefordert, in enger und regelmäßiger Abstimmung mit eben diesen die Anforderungen zu identifizieren und zu beschreiben. In Anlehnung an die Untersuchungen von Takeuchi und Nonaka[54] sollte er dazu in direktem Kontakt zu den Stakeholdern, ihren Bedürfnissen und ihrer Umwelt stehen (*Genchi Genbutsu*).

Der Productowner ist es auch, der dann die Priorisierung der Gesamtmenge von Anforderungen vornimmt und sie für die Sprintplanung im Vorfeld verfeinert. Das Resultat bezeichnet man als den *priorisierten Productbacklog*[55]. Releaseplanung und -bericht liegen ebenfalls unter seiner Obhut.

Dem Team steht er als fachlicher Ansprechpartner während der gesamten Sprintdauer zur Verfügung. So können Fragen zu den Anforderungen fortlaufend und zeitnah geklärt werden. Idealerweise nimmt der Productowner am *Daily Scrum*[56] teil und steht dem Team im Anschluss zur Beantwortung von Fragen zur Verfügung.

Neben der Vorgabe der Anforderungen in Form des *priorisierten Productbacklog* und der Beauftragung im Rahmen des *Planning Meeting*[57] ist der Productowner auch für die Überprüfung und Abnahme des Sprintergebnisses zuständig. Basis der Abnahme sind das im *Planning Meeting* definierte *Sprintziel* und das dazugehörige *Sprintbacklog*[58].

---

53 Vgl. Scrum_Pichler, Product Owner, S. 10ff
54 Vgl. Kapitel: Scrum, Historie
55 Vgl. Kapitel: Scrum, Artefakte
56 Vgl. Kapitel: Scrum, Meetings
57 Vgl. Kapitel: Scrum, Meetings
58 Vgl. Kapitel: Scrum, Artefakte

Möchte der Productowner das Sprintziel und damit die Inhalte wesentlich ändern, so muss er den Sprint abbrechen und einen neuen Sprint starten. Es ist ihm nicht erlaubt, während des Sprints Ausmaß und Inhalte so zu ändern, dass das Team das Erreichen des Sprintziels nicht mehr garantieren kann[59]. Die Inhalte und Ausprägungen im Detail sind aber durchaus verhandelbar, solange die Erreichung des Sprintziels nicht gefährdet wird.[60]
Zusammenfassend kann man sagen: Die Aufgabe des Productowners ist es, eine Produktvision zu etablieren und das Team dafür sozusagen auf eine Mission zu schicken[61].

2.5.3 Team[62]

Die Teammitglieder haben die Aufgabe, alle Anforderungen eines Sprints in ein potentiell auslieferbares Produktinkrement umzusetzen. Um dies erreichen zu können, ist das Team interdisziplinär so zusammengesetzt, dass alle benötigten Skills vorhanden sind und ein gemeinsamer Arbeitsraum zur Verfügung steht. Das Team kann also autonom das Sprintziel erreichen, sofern das *Was* klar ist. Es verpflichtet sich beim Planning Meeting, die Anforderungen des Sprintbacklogs im Rahmen des Sprints zu erfüllen. Diese Verpflichtung geht Hand in Hand mit der Bevollmächtigung, über den Umfang des Sprintbacklogs selbst zu entscheiden. Das Team ist in dieser Frage also selbstbestimmt. In der Frage des *Wie* gilt dies genauso. Das Team organisiert sich selbst, um die Anforderungen zu realisieren. Es muss dabei lediglich das Ziel erreichen und die Scrum-Regeln befolgen.
Neben der Teilnahme am *Daily Scrum*[63], der täglichen Pflege des *Burndowncharts*[64], einer klaren Definition davon, wann etwas fertig umgesetzt ist (*Definition of Done*), ist die gemeinschaftliche Verantwortung für das

59 Vgl. Scrum_Pichler, Sprints, Schutz vor Veränderungen, S. 85
60 Vgl. Scrum_Wirdemann, Negotiable – Verhandelbare User Stories, S. 65
61 Vgl. Scrum_Gloger, Der Productowner als Visionär, S. 79
62 Vgl. Scrum_Pichler, Team, S. 13ff
63 Vgl. Kapitel: Scrum, Meetings
64 Vgl. Kapitel: Scrum, Artefakte

Sprintergebnis (*Teamverantwortung*) ein wesentlicher Aspekt der Scrum-Regeln.
Dies setzt ein gut funktionierendes Team voraus. Scrum-Teams sollen deshalb klein sein und ihre eigenen Teamregeln entwickeln. Sieben +/- zwei Teammitglieder wird als ideale Größe empfohlen. Alle sollten Vollzeitteammitglieder sein und auch räumlich zusammenarbeiten. Die Arbeitsplatzgestaltung soll das Team bei seiner Arbeit unterstützen, speziell Kommunikation und Kollaboration. Deshalb werden Teambereiche für Meetings und viele Visualisierungsmöglichkeiten (Pinnwände, Taskboards, Whiteboards, Flipcharts etc.) im Arbeitsumfeld benötigt. Des Weiteren sollte es dem Team möglich sein, nicht nur mit dem Productowner, sondern auch mit den übrigen Stakeholdern Kontakt zu haben[65].

2.5.4 Scrum Master[66]

Der Scrum Master ist derjenige, der allen Beteiligten hilft, Scrum richtig einzusetzen. Er agiert insofern als Coach und Change Agent. Er überwacht die rigide Einhaltung der Scrum-Regeln und unterstützt das Team dabei, überhaupt ein funktionierendes Team zu werden. Er hilft, Störungen und Behinderungen aus dem Weg zu räumen und ein konstruktives Arbeitsumfeld zu schaffen. Er unterstützt die Zusammenarbeit zwischen Productowner und Team, zwischen denen naturgemäß schnell Konflikte entstehen können. Dem Productowner hilft er außerdem bei der Priorisierung und Detaillierung des Productbacklogs. Für das Team agiert er zusätzlich als Coach.
Der Sprintfortschritt wird von ihm anhand des Burndowncharts kontrolliert. Gegebenenfalls hilft er Probleme zu identifizieren und diese zu beseitigen. Sofern das Team von außen behindert wird, verantwortet der Scrum Master die Beseitigung der Behinderung.
Bei allen Meetings fungiert er des Weiteren als Moderator.

65 Vgl. Scrum_roots, S. 8
66 Vgl. Scrum_Pichler, ScrumMaster, S. 19ff

2.6 Artefakte

Scrum beschreibt originär drei verschiedene Artefakte[67], die gepflegt und genutzt werden sollen. Diese sind das *Productbacklog*, das *Sprintbacklog* und der *Burndownchart*.

2.6.1 Productbacklog

Wie oben bereits beschrieben, liegt das Productbacklog primär in der Verantwortung des Productowner. Es beinhaltet die Anforderungen an das Produkt in Form einer Liste gewünschter Funktionen. Diese sind idealerweise als *User Stories*[68] aufgeführt, können aber auch eine andere Form haben. Grundsätzlich gilt: In den Anforderungen wird definiert, *was* das Produkt leisten soll.

Das Productbacklog hebt sich von der herkömmlichen Anforderungserhebung wesentlich in drei Punkten ab[69]:

1. Es ist **hochdynamisch**: Einträge können hinzugefügt, entfernt oder anders priorisiert werden. Dies geschieht fortlaufend.
2. Die aufgeführten **Features werden gemeinsam** zwischen Productowner und Team **besprochen**, woraus sich die **Einzelheiten nach und nach** ergeben.
3. Die bevorzugte Herangehensweise an die **Spezifikation** ist **in Form von Beispielen.**

Der Detaillierungsgrad im Productbacklog genügt also nicht für die Realisierung seitens des Teams. Die Details der Anforderungen werden stattdessen nach und nach gemeinsam mit dem Team erarbeitet. Der Detaillierungsgrad wächst so mit der Priorisierung der einzelnen Anforderungen. Um dies tatsächlich leben zu können, muss der Productowner dem Team stets für Rückfragen etc. zur Verfügung stehen.

Ein gutes Productbacklog genügt vier Kriterien, die durch das Akronym *DEEP*[70] beschrieben werden:

---

[67] Nach Joseph Pelrine, Scrum Master Schulung, 2008

[68] Vgl. Kapitel: Scrum, Typische Praktiken

[69] Vgl. Scrum_Cohn, Das Productbacklog, S. 268ff

"**Angemessen detailliert (Detailed Appropiately).** Die User Storys im Product Backlog, die in Kürze bearbeitet werden, müssen ausreichend gut verstanden sein, um sie im kommenden Sprint zu erledigen. Storys, die jedoch nicht so bald entwickelt werden, sollten weniger ausführlich beschrieben werden.

Geschätzt (Estimated). Das Product Backlog ist nicht nur eine Liste der zu erledigenden Arbeit, sondern auch ein Planungswerkzeug. Da die Einträge weiter unten im Backlog (noch) nicht so gut verstanden sind, sind die damit verbundenen Schätzungen weniger genau als die für die Einträge an der Spitze.

Gewachsen (Emergent). Ein Product Backlog ist nicht statisch, sondern ändert sich mit der Zeit. Wenn das Team mehr Kenntnisse gewinnt, werden User Storys zum Backlog hinzugefügt, aus ihm entfernt oder mit einer anderen Priorität versehen.

Nach Prioritäten geordnet (Prioritized). Das Product Backlog sollte so sortiert werden, dass die wertvollsten Einträge an der Spitze und die am wenigsten wertvollen unten stehen. Wenn das Team stets in der Reihenfolge der Prioritäten arbeitet, kann es den Wert des zu entwickelnden Produkts oder Systems maximieren."[71]

Bei der Erstellung des Productbacklog wird der Productowner vom Team unterstützt. Das Abschätzen der Anforderungen geschieht seitens des Teams, die Detaillierung erfolgt gemeinsam mit dem Productowner. Ein gemeinsamer Workshop für die Vorbereitung der Anforderungen ist sinnvoll. Dabei kann es gut sein, dass benötigte Analysetätigkeiten identifiziert werden. Für diese wird dann ein neuer Eintrag im Productbacklog erstellt. Der Aufwand des Teams für Vorbereitungsarbeiten sollte insgesamt 5% seiner Sprintkapazität nicht überschreiten[72].

2.6.2 Sprintbacklog[73]

Das Sprintbacklog entsteht als Resultat des *Planning Meetings*[74]. Es enthält alle *Aktivitäten,* die notwendig sind, um die Anforderungen des Sprints, auf die sich das Team verpflichtet hat, umzusetzen. Es hilft dem Team bei der Organisation zur Erreichung des Sprintziels, indem die Aktivitäten beschrei-

---

70 **D**etailed Appropriately, **E**stimated, **E**mergent, **P**rioritized

71 Scrum_Cohn, DEEP: Wie ein gutes Product Backlog aussieht, S. 285

72 Vgl. Scrum_Pichler, Vorbereiten der Anforderungen, S. 89ff

73 Vgl. Scrum_Pichler, Das Sprint Backlog, S. 102ff

74 Vgl. Kapitel: Scrum, Meetings

ben, *wie* die Anforderungen aus dem Productbacklog, also dem *was*, umgesetzt werden.

Jede Aktivität ist geschätzt und soll maximal einen Tag Arbeit umfassen. Sobald eine Aktivität in Arbeit genommen wurde, wird dies gekennzeichnet, ebenso, wenn sie erledigt ist. Im Laufe des Sprints kann es auch vorkommen, dass noch nicht bedachte Aktivitäten identifiziert werden. Diese werden dann im Sprintbacklog ergänzt.

Das Sprintbacklog wird in der Regel mit Karteikarten auf einer Pinnwand oder ähnlichem, dem sogenannten *Taskboard*, manifestiert. Das Taskboard befindet sich im Arbeitsbereich des Teams, damit es laufend aktualisiert werden kann und der Fortschritt permanent sichtbar ist. Hier ein Schema eines Taskboards[75]:

WAS? Priorisierte Anforderung aus dem Productbacklog		WIE? Aktivitäten, um die Anforderung umzusetzen (jeweils <= 1 Arbeitstag)		QUALITÄT? Erledigt laut *Definition of Done*
Prio	**Anforderung**	**Zu erledigen**	**In Arbeit**	**Erledigt**
1	--------------- ---------------	--------- --------- --------- ---------	--------- ---------	---------
2	--------------- ---------------	--------- --------- ---------	---------	
...	...	...	...	...

Abbildung 1: Aufbau eines Taskboard (in Anlehnung an Pichler)

Eine Aktivität darf erst als erledigt gekennzeichnet werden, wenn sie alle Kriterien einer zuvor festgelegten sogenannten *Definition of Done*[76] erfüllt.

75 In Anlehung an Scrum_Pichler, Das Sprint Backlog, S. 103, Abb. 6-8

76 Vgl. DoD, 3. Absatz, gelesen am 29.05.2011

2.6.3 Burndownchart[77]

Der Burndownchart bildet den täglichen Fortschritt im Sprint graphisch ab. Er kann z.B. einfach über eine Tabellenkalkulation erstellt werden. Die Y-Achse zeigt dann den kumulativen Aufwand über alle im Sprint geplanten Aktivitäten. Die X-Achse zeigt die Arbeitstage des Sprints. Der ideale Fortschritt wäre also die lineare Verbindung zwischen der Summe der einzelnen Aufwände auf der Y-Achse zu Beginn des Sprints und der X-Achse am letzten Arbeitstag. Der tatsächliche Fortschritt errechnet sich aus den vom Team täglich aktualisierten Restaufwänden für die einzelnen Aktivitäten. Auf diese Art sind Abweichungen vom idealen Verlauf sofort sichtbar, und das Team kann im Bedarfsfall gut darauf reagieren. Nötigenfalls auch, in dem der Productowner gebeten wird, niedrig priorisierte Anforderungen zu streichen, oder, falls das Team schneller als erwartet vorankommt, neue Anforderungen aufzunehmen, falls diese im Sprint voll abgearbeitet werden können. In beiden Fällen wird das *Sprintziel* das maßgebliche Auswahlkriterium sein.

Der Burndownchart wird durch das sogenannte *Impedimentbacklog* sinnvoll ergänzt. Dieser Hindernisbericht enthält alle aufgetretenen Hindernisse mit einer kurzen Beschreibung, Identifikationsdatum und Abschlussdatum.

Anhand des Burndowncharts lässt sich der Sprintverlauf sehr schön nachvollziehen und Verbesserungspotenzial zu Schätz- und Planungstechniken identifizieren. Die Lokalisation der Hindernisse erlaubt zusätzlich eine sehr gute Analyse des Sprintverlaufs.

Der täglich aktualisierte Burndownchart sollte idealerweise beim Taskboard, auf jeden Fall aber gut sichtbar für das Team aufgehängt werden.

2.7 Meetings

In Scrum sind alle Meetings *timeboxed*[78]. Das heißt, jedes Meeting wird in der vorgesehenen Zeit begonnen und beendet. Sollte noch Zeitbedarf bestehen, wird ein Folgemeeting[79] vereinbart.

---

77 Vgl. Scrum_Pichler, Verfolgen des Sprint-Fortschritts, S. 117ff

78 Vgl. Scrum_Gloger, Das Wesentliche im Überblick, S. 23

79 Vgl. Kapitel: Scrum, Typische Praktiken, Meetingregeln

2.7.1 Planning Meeting[80]

Mit dem Planning Meeting beginnt eine neue Iteration, also ein neuer *Sprint*[81]. Das Gelingen des Meetings erfordert eine gute Vorbereitung. Ein wesentlicher Bestandteil ist ein gutes Productbacklog, wie oben bereits beschrieben.

Der wesentlichste Bestandteil ist die Definition des Sprintziels. Dieses Ziel sollte den *Mehrwert* des zu planenden gewünschten Ergebnisses klar herausstellen, realistisch, prägnant und für alle Beteiligten gut verständlich sein.

Um die Planung erfolgreich durchführen zu können, muss außerdem die tatsächlich verfügbare Teamkapazität ermittelt werden. Hierbei werden alle erwarteten Fehlzeiten (Feiertage, Urlaub, Fortbildung etc.) berücksichtigt, des Weiteren die Aufwände für das Planning Meeting sowie Review, Retrospektive (insgesamt ca. 10%) und Vorbereitungsarbeiten für den Folgesprint (insgesamt ca. 5%). Neben dieser verbleibenden *Bruttokapazität* wird dann noch der vorhandene weitere Overhead (Telefonate, Mails, Abteilungssitzungen etc.) berücksichtigt. Mit der verbleibenden *Nettokapazität* wird dann geplant.

Anhand des Productbacklogs und des Sprintziels kann die tatsächliche Planung durchgeführt werden.

> "Die Rollenverteilung ist in der Sprint-Planungssitzung wie folgt:
> Der Product Owner stellt das Sprint-Ziel und die Vorauswahl der umzusetzenden Anforderungen vor.
> Das Team identifiziert notwendige Aufgaben zusammen mit ihrem Aufwand und legt fest, welche und wie viele der vom Product Owner vorbereiteten Anforderungen im Sprint umgesetzt werden können.
> Der Scrum Master moderiert die Sitzung und achtet darauf, dass die Selbstorganisation des Teams nicht beeinträchtigt wird."[82]

Das seitens des Productowners vorgestellte Sprintziel wird diskutiert, bis ein gemeinsames Verständnis darüber vorliegt. Dann können die vorgestellten

---

80 Vgl. Scrum_Pichler, Sprints, S. 88ff

81 Vgl. Kapitel: Scrum, Sprints

82 Vgl. Scrum_Pichler, Sprints, S. 93

Anforderungen mit Blick auf das Ziel diskutiert und ausgewählt werden. Auch dies geschieht jeweils, bis ein gemeinsames Verständnis vorliegt. Dieses Verständnis ist wiederum Voraussetzung für die Identifikation der einzelnen Aufgaben, die notwendig sind, um die jeweiligen Anforderungen umsetzen zu können. Der Aufwand für die einzelnen Aufgaben wird in Arbeitszeit geschätzt. Die Schätzung wird so realistisch wie möglich angesetzt. Puffer sollten vermieden werden, da bereits mit der Nettokapazität des Teams gerechnet wird. Verzögerungen sollten sich mit benannten Hindernissen im Hindernisbericht in Bezug setzen lassen. So können im Rahmen der *Retrospektive*[83] die Fehleinschätzungen analysiert und Verbesserungsmaßnahmen eingeleitet werden.

Eine Zuordnung der Aufgaben auf einzelne Teammitglieder findet im Rahmen der Planung nicht statt, da das Team ganzheitlich verantwortlich ist und sich selbst organisiert, wie es möchte. Eine kurze Ablaufsimulation ermöglicht aber eine Einschätzung, ob die ausgewählten Anforderungen realistischerweise umgesetzt werden können.

Ergebnis der Sprintplanung ist also ein gemeinsam vereinbartes (*commitment*[84]) realistisches Sprintziel und ein realistisches Sprintbacklog mit detaillierten, geschätzten Aktivitäten, sowie die Klarheit für alle Beteiligten, welche Anforderungen umgesetzt werden, um das Sprintziel zu erreichen.

Alle Beteiligten in den Kernrollen[85] nehmen am Meeting während der gesamten Dauer teil. Auf Wunsch können weitere Stakeholder als Beobachter zugelassen werden.

2.7.2 Daily Scrum[86]

Das Daily Scrum ist eine 15-minütige Besprechung, die jeden Arbeitstag zur selben Uhrzeit und am selben Ort stattfindet. Für das Team und den Scrum Master ist sie verpflichtend. Der Productowner ist erwünscht, sonstige Stakeholder sind als Beobachter bzw. Zuhörer erlaubt. Das Meeting soll die

---

83 Vgl. Kapitel: Scrum, Meetings, Retrospektive

84 Vgl. Kapitel: Scrum, Werte, Selbstverpflichtung

85 Vgl. Kapitel: Scrum, Rollen, Kernrollen und Randrollen

86 Vgl. Scrum_Pichler, Die Daily-Scrum-Besprechung, S. 104ff

Selbstorganisation des Teams unterstützen und dabei helfen, Hindernisse systematisch zu identifizieren. Dazu werden von jedem Teammitglied die folgenden drei Fragen[87] kurz und bündig beantwortet:

1. Was habe ich seit dem letzten Daily Scrum erledigt?
2. Was will ich bis zum nächsten Daily Scrum erledigt haben?
3. Welche Hindernisse stehen mir dabei im Weg?

Die Hindernisse werden vom Scrum Master dokumentiert. Bei Bedarf wird direkt im Anschluss an das Daily Scrum eine Besprechung zum Beseitigen von Hindernissen anberaumt. An dieser nehmen nur die benötigten Teammitglieder teil.

Das Daily Scrum sollte vor dem täglich aktualisierten Taskboard mit ebenfalls täglich aktualisiertem Burndownchart stattfinden. So ist der Sprintfortschritt täglich vor Augen und ggf. vorhandene Probleme sind sichtbar. Des Weiteren können die nächsten Aufgaben unter Berücksichtigung der Priorisierung von jedem Teammitglied direkt ausgesucht werden.

2.7.3 Review[88]

Das Sprint Review dient der Abnahme des Sprintergebnisses seitens des Productowners. Dabei wird zunächst das gemeinsam vereinbarte Sprintziel reflektiert und fokussiert. Das Team führt dem Productowner seine Arbeitsergebnisse in einer Live-Demonstration vor. Diese Demonstration umfasst alle vereinbarten Artefakte (Benutzerhandbuch, Online-Hilfe, Systemdokumentation etc.) sowie das Produktinkrement, entweder bereits in der Zielumgebung oder z.B. in einer möglichst realitätsnahen Testumgebung. Der Productowner sollte auch die Möglichkeit haben, die umgesetzten Anforderungen am Produktinkrement selbst auszuprobieren. Er und ggf. weitere Interessenvertreter (*Stakeholder*) stellen Fragen und geben Rückmeldung zu den umgesetzten Anforderungen.

Das Sprintergebnis wird dann formal als abgenommen oder nicht abgenommen deklariert. Fehlerhafte oder unvollständig umgesetzte Anforderungen

---

87 Vgl. auch Scrum_Gloger, Grundlagen, S. 13

88 Vgl. Scrum_Pichler, Das Sprint-Review, S. 108ff

werden in den Folgesprint übernommen und umgesetzt, bevor neue Funktionalität hinzukommt.
Der Scrum Master lädt ein und moderiert das Review.

2.7.4 Retrospektive[89]

Die Retrospektive bildet den Abschluss des Sprints und folgt auf das Review. In der Retrospektive soll der vergangene Sprint offen und ehrlich reflektiert werden. Der Scrum Master übernimmt auch hier wieder die Rolle des Moderators. Außerdem ist es seine Aufgabe, das Treffen sorgfältig vorzubereiten. Es sollte in einem separaten Raum stattfinden, nicht im Arbeitsbereich des Teams, damit ein Heraustreten aus dem Tagesgeschäft möglich ist.
Damit das Team wirklich offen und ehrlich kommunizieren kann, definiert es mit Hilfe des Scrum Masters Regeln wie z.B. Ehrlichkeit, Respekt, Sachlichkeit etc. Nichtsdestoweniger sollen Probleme und Missstände schonungslos aufgezeigt werden. Diese werden aber nicht einzelnen Personen angelastet, sondern als Unzulänglichkeiten des Systems gewertet.
Aus identifizierten Missständen werden Themen priorisiert, die am dringendsten angegangen werden müssen. Für diese Themen wird rekursiv nach der Ursache geforscht, bis man glaubt, diese gefunden zu haben.
Erst auf Basis der gefundenen Ursache werden Verbesserungsmaßnahmen formuliert. Die Verbesserungsmaßnahmen sollen die SMART-Kriterien[90] erfüllen.

2.8 Sprints[91]

Sprints beschreiben in Scrum Iterationen, in denen innerhalb eines fest definierten Zeitrahmens (*timeboxed*) ein potentiell auslieferbares Produktinkrement erstellt wird. Produktinkrement kann im weitesten Sinne von Scrum

---

[89] Vgl. Scrum_Pichler, Die Sprint-Retrospektive, S. 111ff
[90] SMART: specific (spezifisch), measurable (messbar), attainable (erreichbar), relevant (relevant), timely (zeitgebunden)
[91] Vgl. Wiki_Scrum, Abschnitt 3.3, Sprint, gelesen am 28.04.2011

auch als eine Lösungsstufe einer beliebigen Aufgabenstellung verstanden werden[92].

Ein Sprint beginnt immer mit dem *Planning Meeting*. Dort werden aus dem vom *Productowner* vorbereiteten *Productbacklog* so viele höchstpriorisierte Anforderungen für den Sprint ausgewählt, wie realistischerweise in dem Sprint umgesetzt werden können. Die Aufgaben zur Umsetzung werden identifiziert und in das *Sprintbacklog* überführt.

Während des Sprints wird das Sprintbacklog abgearbeitet. Beim *Daily Scrum* werden täglich Hindernisse benannt (*Impedimentbacklog*) und der Fortschritt kontrolliert. Am Ende des Sprints liegt ein Produktinkrement vor. Das *Review* und die *Retrospektive* schließen den Sprint ab.

Im Folgenden veranschaulicht eine grafische Darstellung den Scrum-Flow:

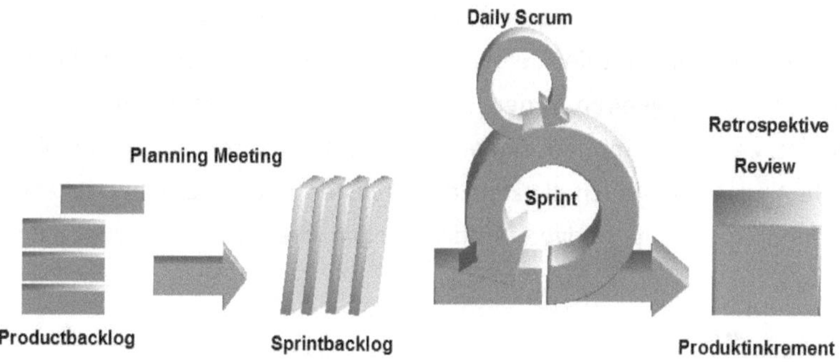

Abbildung 2: Der Sprint als Scrum-Flow (in Anlehnung an Wikipedia)

2.9 Skalierung

Scrum ist skalierbar. Das gilt sowohl bezogen auf große Projekte als auch auf ganze Organisationen. Dabei ist die empfohlene Art zu skalieren ein sogenanntes *organisches Wachstum*, bei welchem die Teams selbst den Wachstumsbedarf feststellen und das Wachstum steuern. Letztlich resultiert die

92 Vgl. Kapitel: Scrum, Definition

Skalierung dann in mehrere Scrum-Einheiten, bestehend aus Team, Scrum Master und Productowner.[93]

Die entstehenden Scrum-Einheiten orientieren sich an dem Bedarf. So können durchaus übergeordnete bzw. querschnittlich tätige Teams entstehen.[94]

2.9.1 Productowner

Für die Rolle des Productowner bedeutet die Skalierung, dass Productowner-Teams entstehen. Alle beteiligten Productowner müssen eng an einem gemeinsamen Productbacklog zusammenarbeiten. Sie arbeiten dabei selbst nach Scrum, haben einen eigenen Productowner und Scrum Master und praktizieren ihr eigenes Daily Scrum.[95] Diese Struktur ist im Grunde beliebig tief verschachtelbar, insbesondere wenn man an unternehmensweite Organisation denkt. Wesentlich ist dabei, dass durch alle Rekursionsebenen hindurch die Orientierung am gemeinsamen Ziel erhalten bleibt. Nicht zuletzt deshalb arbeiten alle mit demselben Productbacklog.[96] Zur besseren Koordination von Abhängigkeiten in der Realisierung wird weiter vorausschauend gearbeitet, genau wie mit nur einem Team. Dies bedeutet, dass in den Planning Meetings jeweils auch die Ziele der nächsten zwei Sprints bereits abgesteckt und die dazugehörigen Anforderungen diesen Sprints zugeordnet werden.[97]

2.9.2 Team[98]

Für die Teams bedeutet die Skalierung eine Verschiebung ihres Zielfokus. Neben dem eigenen Sprintziel gibt es jetzt ein übergeordnetes Gesamtziel aller Teams. Des Weiteren entsteht ein Koordinierungsbedarf, der über die Priorisierungen und Planungen seitens der Productowner hinausgeht. Überwiegend geht es dabei um Fragen der Integration und Überlappungen. Die

---

93 Vgl. Scrum_Gloger, Einführung von Scrum in großen Projekten und Organisationen, S. 235ff

94 Vgl. Scrum_Cohn, Integrationsteams, S. 368ff

95 Vgl. Scrum_Pichler, Product Owner Team, S. 134ff

96 Vgl. Scrum_Cohn, Ein Produkt, ein Product Backlog, S. 360ff

97 Vgl. Scrum_Cohn, Laufende Vorausplanung, S. 364ff

98 Vgl. Scrum_Cohn, Die Arbeit der einzelnen Teams koordinieren, S. 370ff

Koordination erfolgt im Rahmen des sogenannten *Meta Scrum* (manchmal auch als *Scrum of Scrum* bezeichnet). Regelmäßig treffen sich Abgesandte aus den einzelnen Teams, um den aktuellen Stand und anstehende Themen zu besprechen. Die Abgesandten wechseln in der Regel, da sie thematisch orientiert ausgewählt werden. Das Meta Scrum ist rekursiv beliebig tief und zeitlich an die gegebenen Maßstäbe anzupassen.

2.9.3 Scrum Master[99]

Auch die Scrum Master müssen sich untereinander koordinieren, synchronisieren, Richtlinien abstimmen und insbesondere übergreifende Hindernisse aus dem Weg räumen. Auch hierzu finden rekursiv beliebig tief verschachtelt regelmäßige Scrum-Master-Meetings statt.

2.9.4 Meetings[100]

Auch die Meetings (Planning, Review und Retrospektive) skalieren rekursiv. Bestenfalls wird das jeweilige Meeting in einem gemeinsamen Raum mit allen beteiligten Teams zeitgleich durchgeführt. Dies erlaubt es, sowohl teamspezifische als auch teamübergreifende Aspekte optimal zu koordinieren.

2.9.5 Praxiscommunities[101]

Der Wissens- und Ideenaustausch zwischen den einzelnen Teams sollte durch Praxiscommunities gefördert werden. Diese Communities sind Gruppen von Teammitgliedern gleichgesinnter Interessenlage, die freiwillig zusammengekommen sind und aus diversen Teams stammen. Sie fördern außerdem Einheitlichkeit, Standards und Gemeinsamkeiten zwischen den Teams.

2.10 Typische Praktiken

Scrum selbst macht über seine Grundstruktur hinaus keine Vorgaben, wie genau die Umsetzung stattfinden soll. Doch haben sich einige Praktiken (ins-

---

99 Vgl. Scrum_Gloger, ScrumMaster Group, S. 247
100 Vgl. Scrum_Cohn, das Großraumverfahren, S. 376ff
101 Vgl. Scrum_Cohn, Praxiscommunities fördern, S. 376ff

besondere aus der agilen Softwareentwicklung) bereits etabliert. Diese unterstützen das Konzept und die Grundsätze von Scrum sehr gut und werden in der Regel gemeinsam vorgestellt. Das Scrum-Gerüst selbst könnte ohne die dahinter stehenden Grundsätze, Werte und Praktiken sehr schnell und kurz erklärt werden. *Es passt auf einen Bierdeckel*[102]. Im Folgenden werden die im hiesigen Kontext wesentlichsten Praktiken aufgeführt und ggf. kurz erläutert.

2.10.1 Meetingregeln[103]

Wie bereits beschrieben, sind in Scrum alle Meetings timeboxed. Das heißt, dass sie pünktlich beginnen und pünktlich enden.
Vorbereitend gilt:

- Die richtigen Personen, und nur diese, einladen
- Das Ziel des Treffens in der Einladung klar kommunizieren
- Eine Agenda mit Zeitplanung mitgeben

Für die Durchführung gilt:

- Pünktlichkeit
- Moderator und Protokollant werden verkündet
- Der erste Punkt der Agenda ist die To-do-Liste des letzten Meetings
- Jeder Punkt auf der Agenda endet mit einer Zusammenfassung und der Zustimmung aller Beteiligten
- Zuletzt wird bestimmt Wer? Was? bis Wann? erledigt

Für die Nachbereitung gilt:

- Das Protokoll und die To-do-Liste werden an alle Beteiligten gesendet
- Feedback der Beteiligten einsammeln, um Meetings zu verbessern

---

102 Vgl. Scrum_HWolfEtAl, Scrum, S. 15 - 16
103 Vgl. Scrum_Schulung, 2-2; siehe Anhang 1

Es gibt fünf Punkte für eine Einladung zu berücksichtigen:

1. **Wer?** Die benötigten Beteiligten
2. **Was?** Das Ziel des Treffens
3. **Wie?** Die Agenda
4. **Wann?** Der Zeitplan
5. **Wo?** Der Ort des Treffens

2.10.2 Regelwerk[104]

Joseph Pelrine empfiehlt zu Beginn eines Projektes ein sogenanntes *Projekt Chartering* durchzuführen. Dies bedeutet, dass die Beteiligten gemeinsam Regeln definieren, an die sie sich halten wollen. Diese Regeln definieren z.B. die konkrete Ausprägung des Schätzvorgehens, die Größenordnung einzelner Aufgaben im Sprintbacklog, die sogenannte *Definition of Done*, das Vorgehen zum Aufwands- und Fehlertracking und im Falle der Softwareentwicklung z.B. den Softwareentwicklungsprozess. Somit kann das tatsächliche Vorgehen immer mit dem definierten Masterplan verglichen werden. Andererseits kann es aber auch passieren, dass das Regelwerk als verbesserungsbedürftig eingestuft und angepasst wird.

2.10.3 Priorisierung[105]

Wie bereits beschrieben, ist der Productowner verantwortlich für die Erstellung des priorisierten Productbacklogs. Dies ist eine nicht zu unterschätzende Herausforderung.

Für Scrum werden mehrere Methoden empfohlen, die sich gegenseitig ergänzend einsetzen lassen und die grundlegenden Prinzipien und Werte gut unterstützen.

Um zunächst eine klare Orientierung an der Wertschöpfung, also dem Mehrwert für den Kunden, zu erreichen, wird gerne das **Kano-Modell** eingesetzt. Dabei werden die Anforderungen in die Kategorien *Basismerkmale*, *Leistungsmerkmale* und *Begeisterungsmerkmale* eingruppiert.

---

[104] Vgl. Scrum_Schulung, 6-1 bis 6-4; siehe Anhang 4

[105] Vgl. Scrum_Pichler, Die Priorisierung des Productbacklog, S. 39ff

Ein weiteres Kriterium zur Priorisierung ist das **Risiko** einer Anforderung (*risikobasierte Priorisierung*). Mindestens einmal pro Sprint werden vom Productowner und Team gemeinsam Risiken identifiziert und soweit möglich analysiert. Dabei werden Ursache, Wahrscheinlichkeit und Auswirkung betrachtet. Geeignete Gegenmaßnahmen oder notwendige Explorationstätigkeiten werden hoch priorisiert in das Productbacklog eingestellt. Somit wird ein *fail early*-Ansatz gefahren, der verhindert, dass Risiken erst spät im Projekt gesehen und behandelt werden.

Die **Wert-Risiko-Matrix** hilft Anforderungen nach ihrem Wert und ihrem Risiko zu ordnen.

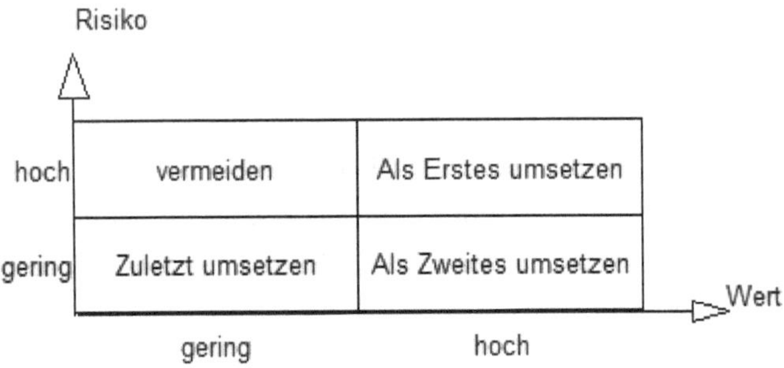

Abbildung 3: Wert-Risiko-Matrix (in Anlehnung an Pichler)

Zuletzt wird auch im Scrum die **MuSCoW-Priorisierung** empfohlen. Hierbei werden die Anforderungen in vier Gruppen unterteilt: ***M**ust have, **S**hould have, **Co**uld have, **W**on't have*. Won't-have-Anforderungen werden erst in der nächsten Produktversion vorgesehen. Could-have-Anforderungen können im Bedarfsfall Realisierungsprobleme puffern, indem sie auf die nächste Version verschoben werden.

2.10.4 User Stories[106]

Im Rahmen des Anforderungsmanagements wird bei Scrum gerne mit den sogenannten *User Stories* gearbeitet. Diese *Benutzergeschichten* beschreiben

---

106 Vgl. Scrum_Wirdemann, User Stories, S. 51ff

Anforderungen aus der Sicht des Benutzers und in der Sprache des Kunden. Sie sind bewusst offen formuliert und erfordern einen Dialog zwischen dem Productowner und dem Team.
Jede Benutzergeschichte besteht aus drei sich ergänzenden Bestandteilen: Der *Story Karte*, der *Konversation* zwischen Productowner und Team und den *Akzeptanzkriterien*.
Auf der Story Karte sollen folgende Fragen beantwortet werden:
Wer ist der Benutzer?
Dazu wird die jeweilige Benutzerrolle angegeben. Es wird empfohlen, vor der Erstellung der *User Stories* ein Rollen-Brainstorming mit allen Stakeholdern durchzuführen. Als Ergebnis sollten die Rollen und ihre grundsätzlichen Ziele klar sein, z.B. auf einer Vermittlungsanwendung für Scrum Coaches:

Rolle	**Grundsätzliches Ziel**
Scrum Coach	will Projekte finden, seine Reputation verbessern
Projektanbieter	will Coaches finden
ehemaliger Kunde	will Coaches bewerten

Tabelle 1: Beispiel für Rollen und Ziele in User Stories (in Anlehnung an Wirdemann)

Was ist das Ziel?
Hier wird beschrieben, was überhaupt geschehen soll, z.B. eine Anmeldung am System.
Warum soll das Beschriebene geschehen?
Hier wird der Zweck beschrieben, wenn es sinnvoll bzw. hilfreich erscheint, z.B. möchte der Scrum Coach sein Profil einstellen.
Die drei Elemente *Wer* → *Was* → *Warum* werden in einer knappen und immer gleich strukturierten Form dargestellt:
Als <Benutzerrolle> will ich <das Ziel> [, so dass <Grund für das Ziel>].

Beispiele wären:

Wer?	Was?	Warum?
Als <Benutzerrolle>	**will ich <das Ziel>**	**so dass <Grund für das Ziel>**
Als Scrum Coach	will ich mich anmelden	, so dass ich mein Profil einstellen kann.
Als Projektanbieter	will ich nach Coaches suchen	, so dass ich Kontakt aufnehmen kann.
Als ehemaliger Kunde	will ich einen Coach bewerten	, so dass sich seine gute Arbeit herumspricht.

Tabelle 2: Beispiele des Sprachtemplates - Wer? Was? Warum? - in User Stories (in Anlehnung an Wirdemann)

Insgesamt gelten für gute User Stories die *INVEST*-Kriterien:

Independant – User Stories sollen unabhängig voneinander sein.

Negotiable – User Stories sollen verhandelbar sein.

Valuable – User Stories sollen einen Wert für den Kunden haben.

Estimatable – User Stories sollen schätzbar sein.

Small – User Stories sollen klein sein.

Testable – User Stories sollen testbar sein.

2.10.5 Agiler Softwareentwicklungsprozess

Scrum definiert zwar keinen konkreten Umsetzungsprozess, doch hat die Methodik, insbesondere die Ausrichtung auf permanente Veränderung, natürlicherweise Auswirkungen auf den Realisierungsprozess. Im Folgenden werden typische Entwicklungspraktiken der agilen Softwareentwicklung aufgezeigt, die darauf ausgerichtet sind, die Anpassbarkeit von Software zu verbessern. Die Prinzipien und die damit verbundenen Vorteile lassen sich auch auf Bereiche außerhalb der Softwareentwicklung projizieren.

Testgetriebene Entwicklung[107]

Bei der Testgetriebenen Entwicklung (TDD = Test Driven Development) wird in minimalen Zyklen vorgegangen. Jeder Zyklus beinhaltet zunächst das Schreiben von Testcode, dann das Schreiben des Minimums an Code zur Testausführung, dann das Aufräumen des Codes. Der nächste Zyklus beginnt wieder mit dem Testcode.

Hierbei findet eine Designsteuerung, zum einen durch risikobasiertes Testen, zum anderen durch die Erstellung von testbarem Code, statt. Das Vorgehen führt außerdem dazu, dass weder ungetesteter noch überflüssiger Code entsteht. Anpassbarkeit und Wartbarkeit werden so verbessert.

Das risikobasierte Vorgehen, die Beschränkung auf das Notwendige und das Arbeiten mit Fehlerindikatoren sind die Prinzipien, die die Anpassbarkeit erhöhen.

Refactoring[108]

Refactoring bedeutet Veränderung der Struktur aber nicht des Verhaltens (der Software). Es geht darum, den Code einfach und wartbar zu halten und Redundanzen zu vermeiden.

Erreicht wird dies durch ein permanentes Aufräumen, also permanentes Refactoring. Mike Cohn führt als schönes Bild dafür ein Zitat von Robert C. Martin auf:

> "Die Pfadfinder von Amerika haben eine einfache Regel, die wir auch auf unseren Beruf anwenden können: Lassen Sie den Lagerplatz sauberer zurück, als Sie ihn vorgefunden haben. Wenn wir unseren Code sauberer einchecken, als er beim Auschecken war, kann er einfach nicht an Codefäule erkranken."[109]

Ein Prinzip, dass sich eigentlich auf alle Lebensbereiche übertragen lässt, um die Funktionsfähigkeit zu erhalten.

---

[107] Vgl. Scrum_Cohn, Testgetriebene Entwicklung, S. 186ff
[108] Vgl. Scrum_Cohn, Refactoring, S. 189ff
[109] Scrum_Cohn, Refactoring, S. 189

Teamverantwortung[110]

Teamverantwortung bedeutet, dass alle Teammitglieder für alle Artefakte des Softwareentwicklungsprozesses verantwortlich sind.
Es geht darum, eine zu starke Spezialisierung einzelner Teammitglieder zu vermeiden, damit sie weitgehend flexibel einsetzbar bleiben. Des Weiteren ist ein wichtiger Aspekt, dass Kopfmonopole vermieden werden sollen, da sonst Reaktions- und Handlungsmöglichkeiten zu sehr eingeschränkt werden.
Prinzipiell kann gesagt werden, dass die gemeinsame Verantwortung im Team mit einer Ausgewogenheit an Spezialisten und Generalisten zu optimalen und flexiblen Handlungsoptionen führt.[111]

Kontinuierliche Integration[112]

Kontinuierliche Integration bedeutet, dass der entwickelte Code täglich mehrmals im gemeinsamen Sourcecode-Verwaltungssystem eingecheckt wird. Daraufhin wird jeweils das System neu gebaut (*automatisiertes Build*) und getestet (*automatisierte Regressionstests*). Somit ist kontinuierlich der tatsächliche Produktstatus sichtbar. Auf Fehler kann zeitnah reagiert werden.
Prinzipiell betrachtet, kann gesagt werden, dass Änderungen zeitnah in kleinstmöglichen Schritten im Gesamtkontext geprüft werden. Die Auswirkungen werden somit beschränkt und sind besser nachvollziehbar, überschaubar und korrigierbar.

Pair Programming[113]

Beim Pair Programming arbeiten zwei Entwickler zusammen an einem Rechner. Während dieser Zeit findet eine kontinuierliche Codeprüfung statt. Dies führt zwar zu einer erhöhten benötigten Personenzeit, die Geschwindigkeit wird aber erhöht. Die Qualität des Codes verbessert sich, und es findet au-

---

110 Vgl. Scrum_Cohn, Gemeinsame Verantwortung, S. 190ff
111 Vgl. Scrum_Cohn, Spezialisten nur sparsam einsetzen, S. 234ff
112 Vgl. Scrum_Cohn, Kontinuierliche Integration, S. 192ff
113 Vgl. Scrum_Cohn, Pair Programming, S. 194ff

tomatisch ein Wissenstransfer statt. In schwierigen Situationen werden Problemlösungen besser gefunden.

Der Einsatz von Pair Programming wird in Teilzeit empfohlen, wobei die Quantität jeweils vom Team selbst festgelegt wird, um dessen Autonomie nicht zu stark einzuschränken.

Das hier beschriebene Prinzip ist eine Kombination von gegenseitigem Lernen und *Learning by Doing*, was eine kontinuierliche Verbesserung sowohl der Skills als auch des Codes zur Folge hat.

Evolutionäres Design[114]

Die oben aufgeführten Techniken führen summa summarum zu einem evolutionären Design. Das Design der Anwendung wird nicht initial geplant, sondern entsteht inkrementell, und zwar ebenso inkrementell wie die Anwendung selbst.

Es muss also bei allen Anpassungen davon ausgegangen werden, dass neue Designentscheidungen gefällt werden und Umbauten getätigt werden müssen. Die Häufigkeit der Umbauten ist also recht hoch, die Rückschläge, die dies in der Entwicklung bedeutet, sind aber gering, da kontinuierlich und nur nach Bedarf angepasst wird.

Das Design wird insoweit planerisch gelenkt, als technisch riskante Anforderungen in Absprache mit dem Productowner hoch priorisiert, also früh realisiert werden.

2.11 Wissenschaftliche Hintergründe

2.11.1 Wurzeln und Wachstum im Wissensmanagement

Scrum ist ein englischer Begriff aus dem Rugby und heißt übersetzt *Gedränge*. Es beschreibt originär eine Spielsituation im Rugby, beim Balleinwurf, bei welchem das gesamte Team in disziplinierter, sorgsam bedachter Zusammenarbeit gemeinsam agiert[115].

---

[114] Vgl. Scrum_Cohn, Design: bewusst und doch emergent, S. 196ff

[115] Vgl. Scrum_Pichler, Scrum und Rugby, S. 2

Diese Analogie zum Rugby fußt in der Veröffentlichung des Harvard Business Review "The New New Product Development Game"[116] von Hirotaka Takeuchi und Ikujiro Nonaka aus dem Jahre 1986. Diese Studie aus dem Wissensmanagement betrachtet neue Produktentwicklungsansätze in Japan und den USA. Wesentliche Motivationen und Elemente von Scrum entsprechen den beschriebenen Erfolgsfaktoren der untersuchten Unternehmungen.

> "This new emphasis on speed and flexibility calls for a different approach for managing new product development. The traditional sequential or 'relay race' approach to product development-exemplified by the National Aeronautics and Space Administration's phased program planning (PPP) system-may conflict with the goals of maximum speed and flexibility. Instead, a holistic or 'rugby' approach-where a team tries to go to the distance as a unit, passing the ball back and forth-may better serve today's competitive requirements."[117]

Der hier beschriebene traditionelle sequentielle Ansatz der Phasenplanung (mit dem Vergleich eines Staffellaufs) entspricht in der Softwareentwicklung dem sogenannten 'Wasserfall-Modell', bei dem nach jeder Phase die Produktionsergebnisse zur weiteren Verarbeitung weitergereicht werden (Spezifikation-Design-Implementierung-Test). Dieser Ansatz wird als zu langsam und unflexibel erachtet. Die Autoren sprechen sich stattdessen für einen ganzheitlichen Ansatz mit Fokus auf einer wirksam gestalteten Teamarbeit aus. Dabei ist die Zusammenarbeit nicht vorherbestimmt, sondern entwickelt sich während des Entwicklungsprozess durch die Interaktionen des interdisziplinär stabil zusammengesetzten Teams. Neben dem Team-Fokus schlagen die Autoren ein iteratives und inkrementelles Vorgehen vor und legen Wert auf die Auswirkungen auf Motivation und Lernen der Mitarbeiter und des Unternehmens.

> "Under the rugby approach, the product development process emerges from the constant interaction of a hand-picked, multidisciplinary team whose members work together from start to finish. [...]

---

[116] Vgl. Scrum_roots

[117] Scrum_roots, S. 2

> Or the team may be forced to reconsider a decision as a result of later information. The team does not stop then, but engages an iterative experimentation. This goes on in even the latest phases of the development process. [...]
> The shift from a linear to an integrated approach encourages trial and error and challenges the status qou. It stimulates new kinds of learning and thinking within the organization at different levels and functions. Just as important, this strategy for product development can act as an agent of change for the larger organization."[118]

Des Weiteren propagieren die Autoren selbstorganisierte Projektteams mit vielfältigen positiven Auswirkungen auf Motivation, Leistungsfähigkeit und Lernen der Mitarbeiter und der gesamten Organisation.

> "The Project team begins to operate like a start-up company-it takes initiatives and risks, and develops an independant agenda. At some point, the team begins to create its own concept. A group possesses a self-organizing capability when it exhibits three conditions: autonomy, self-transcendence, and cross-fertilization."[119]

> "The overlap approach enhances shared responsibility and cooperation, stimulates involvement and commitment, sharpens a problem-solving focus, encourages initiative taking, develops diversified skills, and heightens sensitivity toward market conditions."[120]

> "Transfer of learning to subsequent new product development projects or to other divisions in the organization takes place regularly. In several of the companies we studied, the transfer took place through 'osmosis'-by assigning key individuals to subsequent projects."[121]

Die selbstorganisierten Teams sind zwar weitgehend autonom, deshalb aber nicht unkontrolliert.

> "Management establishes enough checkpoints to prevent instability, ambiguity, and tension from turning into chaos. At the same time, management avoids the kind of rigid control that impairs creativity and spontaneity. Instead, the emphasis

118 Scrum_roots, S. 3

119 Scrum_roots, Self-organizing Project Teams, S. 4

120 Scrum_roots, Self-organizing Project Teams, S. 6

121 Scrum_roots, Transfer of Learning, S. 8

is on 'self-control', 'control through peer pressure' and 'control by love', which collectively we call 'subtle control'."[122]

Takeuchi und Nonaka haben 1997[123] ihre oben referenzierten Untersuchungen und Überlegungen weiter ausgeführt und veröffentlicht.
Zunehmend werden zu den Hintergründen von Scrum weitere wissenschaftliche Quellen referenziert und in Beziehung gesetzt.
Bei Boris Gloger finden sich Referenzen auf Peter Drucker, den Pionier der modernen Managementlehre[124], sowie z.B. der sogenannte Demingkreis[125]. Korrespondierend zu den im Wissensmanagement verankerten Arbeiten von Nonaka[126] zitiert er Peter Drucker z.B. in folgender Passage:

"[...] hat man verstanden, dass Wissensmanagement nicht über Wissensdatenbanken und Workflow-Tools funktioniert, sondern dass es darum geht zu managen, wie Menschen in wissensbasierten Berufen miteinander arbeiten. Die Vordenker dieser Entwicklung, allen voran Peter Drucker, hatten erkannt, dass Organisationen andere, nicht an der Arbeitsteilung ausgerichtete Modelle des Zusammenarbeitens, kreieren müssen, wenn sie das Wissen ihrer Mitarbeiter und ihrer Spezialisten nutzbar machen wollen. Peter Drucker schrieb schon 1988: 'Jetzt betreten wir die dritte Phase der Veränderung: Der Wechsel von der Befehls-und-Kontroll-Organisation, der Organisation von Abteilungen und Geschäftsbereichen, bis hin zur informationsbasierten Organisation, die Organisation der Wissensspezialisten'[Drucker 1988]. Drucker schreibt also bereits vor 20 Jahren über einen Organisationstyp, der es Spezialisten erlauben wird, ihre Kreativität zu entfalten und diese Spezialisten in einen organisationalen Rahmen einbindet, der für Qualität, Standards und Weiterbildung sorgt. Er erkannte damals, dass es nicht möglich ist, das Wissen 'aus den Köpfen der Spezialisten zu extrahieren' und an der Spitze der Organisation zu sammeln."[127]

Gloger zitiert des Weiteren den bekannten Demingkreis und ordnet ihm die verschiedenen Scrum-Elemente wie folgt zu:[128]

---

[122] Scrum_roots, Subtle Control, S. 8
[123] Scrum_Wissensmanagement, siehe Literaturverzeichnis
[124] Vgl. Wiki_Drucker, gelesen am 28.04.2011
[125] Vgl. Wiki_DemngCycle, gelesen am 28.04.2011
[126] Vgl. Scrum_Wissensmanagement, Der japanische Ansatz zur Wissensschaffung, S. 85
[127] Scrum_Gloger, Hintergründe und Motivation, S. 29
[128] Vgl. Scrum_Gloger, Hintergründe und Motivation, S. 44

- Plan (Planen) → Sprint Planning
- Do (Ausführen) → Sprint Iteration
- Check (Kontrollieren) → Sprint Review
- Act (Verbessern) → Sprint Retrospektive

2.11.2 Prozesssteuerung und Komplexität

Ken Schwaber selbst bezieht sich beim Thema *Die Wissenschaft von Scrum* konkret auf komplexe Probleme und empirische Prozesssteuerung. Aus seinem Text können wir im Sinne Ashbys[129] die Anforderung an die Entwicklung ableiten, als komplex adaptives, System zu funktionieren, damit die komplexen Problemstellungen aus der Umwelt bewältigt werden können.

> "Software-Entwicklung ist ein komplexes Unterfangen. [...] Der Prozess der Software-Entwicklung ist vollständig geistiger Natur und alle Zwischenerzeugnisse sind flüchtige Darstellungen der dabei einbezogenen Gedanken. Die bei der Herstellung des Endprodukts eingesetzten Materialien sind extrem unberechenbar: die Anwenderanforderungen an ein Programm, das die Anwender erst noch zu Gesicht bekommen müssen, die Zusammenarbeit des jeweiligen Programms mit anderen Programmen und die Interaktion mit dem komplexesten Lebewesen des Planeten – dem Menschen. [...]
>
> Dieses Verfahren, Scrum, wurde gezielt dafür entwickelt, aus komplexen Aufgabenstellungen heraus brauchbare Produkte zu schaffen. Es wurde erfolgreich in Tausenden von Projekten in Hunderten von Firmen innerhalb der letzten zehn Jahre angewendet. Scrum beruht auf der industriellen Prozesssteuerungstheorie, die auf Mechanismen wie Selbstorganisation und Emergenz zurückgreift."[130]

Aus der Notwendigkeit der Empirischen Prozesssteuerung leitet Schwaber wesentliche Grundlagen von Scrum ab. Das iterative Vorgehen, die Notwendigkeit einer *Definition of Done*, *Review* und *Retrospektive*, *Impedimentbacklog* lassen sich in diesen Ausführungen bereits erahnen[131].

> "Was ist zu unternehmen, wenn jeglicher entwickelte Prozess zu ungenau für den Kunden ist und daher der Präzisionsgrad erhöht werden muss? In solchen Fällen

---

129 Vgl. Kapitel: Grundlagen zur Managementkybernetik, Wichtige Begriffsdefinitionen

130 Scrum_Schwaber, Hintergrund: Die Wissenschaft von Scrum, S. 2

131 Die einzelnen Begriffe sind bei der obigen Beschreibung von Scrum bereits erläutert.

muss der Prozess schrittweise gesteuert werden und dabei sichergestellt werden, dass sich dieser innerhalb der tolerierbaren Präzisionsbandbreite einpendelt. In Fällen, in denen keine solche Konvergenz eintritt, müssen entsprechende Anpassungen erfolgen, die den Prozess in den vertretbaren Genauigkeitsbereich zurückholen. Das Gestalten eines Prozesses, der stetig ein Qualitätsniveau innerhalb der definierten Toleranz erreicht, wird als definierte Prozesssteuerung bezeichnet. Ist auf Grund der Komplexität der einzelnen Zwischenaktivitäten keine definierte Prozesssteuerung möglich, muss die so genannte empirische Prozesssteuerung eingesetzt werden. [...]

Es gibt drei Säulen, auf denen jede Implementation einer empirischen Prozesssteuerung ruht: Sichtbarkeit, Inspektion und Anpassung. Sichtbarkeit bedeutet, dass die Aspekte eines Prozesses, die das Ergebnis betreffen, für diejenigen sichtbar sein müssen, die den Prozess überwachen. Zusätzlich muss das Sichtbare auch der Wahrheit entsprechen. Es darf bei der empirischen Prozesssteuerung keinen Spielraum für Täuschungen und Fehlinterpretationen geben. Was bedeutet es beispielsweise, wenn jemand eine bestimmte Funktionalität als 'fertig gestellt' ausweist? [...]

Die zweite Säule ist die Inspektion. Die verschiedenen Aspekte des Prozesses müssen so oft untersucht werden, dass nicht akzeptable Abweichungen im Prozess festgestellt werden können. Bei der Wahl der Inspektionshäufigkeit muss in Betracht gezogen werden, dass die Inspektionen die Prozesse selbst verändern können. [...]

Der andere Faktor bei der Inspektion ist der Prüfer, der die entsprechenden Qualifikationen besitzen muss, um die Inspektionen zu bewerten. [...]

Die dritte Säule der empirischen Prozesssteuerung bildet die Anpassung. Wenn der Prüfer bei einer Inspektion feststellt, dass sich ein oder mehrere Aspekte des Prozesses außerhalb tolerierbarer Grenzen befinden und dass das Ergebnis des Produkts nicht annehmbar ist, muss dieser den Prozess oder das verarbeitete Material justieren. Diese Angleichung muss so schnell wie möglich durchgeführt werden, um weitere Abweichungen gering zu halten."[132]

Besonders in neueren wissenschaftlichen Arbeiten aus dem Bereich der Wirtschaftswissenschaften und Wirtschaftsinformatik werden Bezüge der agilen Softwareentwicklung zur Systemforschung hergestellt.[133]

---

[132] Scrum_Schwaber, Hintergrund: Die Wissenschaft von Scrum, S. 3

[133] Vgl. Modelle_Lehmbach und Modelle_Biberger

Jens Lehmbach[134] beschreibt in seiner Dissertation komplexe adaptive Systeme bestehend aus einer Vielzahl von verbundenen und interagierenden Elementen, die ein besonderes Anpassungsvermögen an ihre Umwelt aufweisen. Sie reagieren nicht nur passiv auf Umwelteinflüsse, sondern versuchen, diese aktiv zu ihrem Vorteil zu nutzen. Sie lernen insbesondere aus Erfahrungen. Besonders hervorgehoben werden die Fähigkeit zur *Selbstorganisation* und die daraus resultierende *Emergenz*. Softwareprojekte werden in diesem Sinne als komplex-adaptive Systeme aufgefasst.

> "Statt ein Projekt als hierarchisch steuerbare Organisation, deren Abläufe durch detaillierte Prozessbeschreibungen festgelegt werden können, zu interpretieren, wird es als komplexes System verstanden, in dem die Teammitglieder durch intensive Kollaboration das Softwaresystem schaffen. Aus dem gesteuerten Prozess wird ein auf Selbstorganisation beruhendes geregeltes Verfahren. Für die Durchführung des Entwicklungsprozesses werden einfache ineinandergreifende Regeln definiert, deren Wechselwirkungen emergentes Verhalten gezielt hervorrufen und fördern sollen."[135]

2.11.3 Scrum und Kybernetik

Ulrich Biberger betrachtet in seiner Dissertation "Gestaltungshinweise für agile Software-Entwicklungsprojekte unter dem Blickwinkel der Kybernetik" explizit Scrum aus der Sicht der Kybernetik. Dabei bildet er Scrum im Kontext klassischer Softwareprojektorganisation konkret auf dem *Viable System Model (VSM)* von Stafford Beer ab[136].

Die einzelnen Systeme des VSM fasst er wie folgt zusammen[137]:

- System 1 = *Leistungserstellung:* Hier findet die tatsächliche Wertschöpfung statt.
- System 2 = *Koordination:* Koordination der Leistungserstellung zugunsten des Ganzen

134 Vgl. Modelle_Lehmbach, Komplexe adaptive Systeme und Emergenz, S. 73ff
135 Modelle_Lehmbach, Komplexe adaptive Systeme und Emergenz, S. 77
136 Vgl. Modelle_Biberger, Untersuchungsverfahren und Aufbau der Arbeit, S. 4
137 Vgl. Modelle_Biberger, Komplexitätsorientiertes Management, S. 35ff

- System 3 = *Operatives Management*: Optimierung der Zusammenarbeit bei der Leistungserstellung
- System 4 = *Strategisches Management:* Langfristige Ausrichtung anhand der Informationen aus der Umwelt
- System 5 = *Normatives Management:* Definition von Normen und Regeln, Entscheidungsinstanz

Die Systemabgrenzung erfolgt auf drei Rekursionsebenen. Das Projekt mit all seinen Beteiligten, Aufgaben und Aktivitäten wird als Rekursionsebene 1 definiert. Die Rekursionsebene 0 umfasst übergeordnete Systeme. Die Rekursionsebene 2 umfasst das *Scrum-Team*, bestehend aus dem Team, Scrum Master und Productowner.[138]

Dieses sogenannte Scrum-Team repräsentiert eine elementare Organisationseinheit (System 1) mit dem Team als ausführende Einheit und Scrum Master und Productowner als Managementeinheit.[139] Die Funktionalitäten der übergeordneten Systeme 2-5 werden anhand der Strukturen von skaliertem Scrum in großen Projekten zugeordnet.[140]

2.12 Historie

Die Wurzeln von Scrum reichen weiter zurück als nur zur Veröffentlichung des ersten Buches "Agile Software Development with Scrum" im Jahre 2001. Im Folgenden die Geschichte, wie sie bei Wikipedia[141] nachzulesen ist:

> **1995** präsentierten Sutherland und Schwaber gemeinsam ein Papier, welches die Scrum Methodik (*Scrum methodology)* beschreibt. Auf der OOPSLA '95 in Austin, Texas, fand die erste öffentliche Präsentation statt. Schwaber und Sutherland haben in den Folgejahren zusammengearbeitet, um die oben genannten Skripte, ihre Erfahrungen und die Best Practices aus Unternehmen zu dem zusammenzuführen, was man heute als Scrum kennt.

138 Vgl. Modelle_Biberger, Einordnung in Rekursionsebenen, S. 41ff

139 Vgl. Modelle_Biberger, Elementare Organisationseinheit: Scrum-Team, S. 44ff

140 Vgl. Modelle_Biberger, Agiles Projektmanagement aus der Sicht des lebensfähigen Systems, S. 61ff

141 Vgl. Wiki_Scrum_en, Abschnitt 1, History, gelesen am 28.04.2011, frei übersetzt

2001 tat sich Schwaber mit Mike Beedle zusammen, um die Methodik in dem Buch "Agile Software Development with Scrum" zu beschreiben.

Gleichzeitig bzw. unter gegenseitigem Einfluss verbreiten sich auch konkrete agile Softwareentwicklungsmethoden.[142]Anfang der **1990er** Jahre finden sich dazu erste Ansätze.

1999 veröffentlichen Kent Beck und andere das erste Buch zu *Extreme Programming*, womit die Agile Softwareentwicklung erstmals Popularität erreicht. Das Interesse an *Extreme Programming* ebnete den Weg auch für andere Agile Prozesse und Methoden.

2001 wurde die Bezeichnung *agil* für diese Art der Softwareentwicklung bei einem Treffen in Utah ausgewählt. Bei diesem Treffen wurde auch das *Agile Manifest*[143] formuliert.

2005 wurde von Forrester Research eine Untersuchung herausgebracht, die besagt, dass 14 % der Unternehmen in Nordamerika und Europa ihre Software unter Zuhilfenahme von agilen Prozessen entwickeln. Weitere 19 % denken über die Nutzung nach.

Scrum hat sich mittlerweile zum aktuellen Trend der Softwarebranche entwickelt. Bei Boris Gloger[144] finden wir noch mehr historische Daten:

2003 startet Ken Schwaber Trainings zum *Certified Scrum Master*.

2004 wird die Firma *Scrum Alliance* von Ken Schwaber, Mike Cohn, Ester Derby gegründet.

2007 eine Vielzahl von Scrum-Tools hilft Scrum weiter zu verbreiten.

2007 die Firma *Scrum Alliance* wird in eine Non-Profit-Organisation umgewandelt.

2008 haben ca. 40 000 Teilnehmer das Training zum *Certified Scrum Master* absolviert.

2009 Scrum ist ein zweistelliges Millionen-Dollar-Business geworden.

---

142 Vgl. Wiki_Agile, Abschnitt 2, geschichtliche Entwicklung, gelesen am 28.04.2011
143 Vgl. Kapitel: Scrum, Werte
144 Vgl. Scrum_Gloger, Grundlagen, S. 20-21

2011 feiert das "Agile Manifest" sein zehnjähriges Jubiläum. *Agility* ist schon allein deshalb aktuell in der Branche in aller Munde und auf Fachkongressen und in Fachzeitschriften entsprechend gehäuft vertreten.

3 Standardmodell wirksamen Managements

Im Folgenden wird das Standardmodell wirksamen Managements nach Fredmund Malik aus seinem Buch "Führen Leisten Leben – Wirksames Management für eine neue Zeit"[145] beschrieben. Die Struktur folgt jener im Buch, die einzelnen Kapitel fassen die wesentlichen Inhalte zusammen und bleiben nahe am Originaltext. Ergänzend werden im letzten Kapitel die wissenschaftlichen Bezüge kurz aufgeführt.

3.1 Zusammenfassung

Malik beschreibt in diesem Buch seine Sicht darüber, wie gutes und richtiges Management funktioniert. Er unterteilt die wesentlichen Aspekte in die drei Gruppen *Grundsätze, Aufgaben und Werkzeuge wirksamen Managements*. Zu jeder dieser drei Gruppen beschreibt er die minimalen Anforderungen auf einer allgemeinen und insofern für sämtliche Managementbereiche übertragbaren Ebene. Spezifische Ergänzungen mögen seines Erachtens hie und da vonnöten sein, sollten aber auch nur dann, wenn absolut notwendig, hinzugefügt werden.
Die Gesamtheit seiner Ausführungen ist somit ein *Standardmodell guten und richtigen Managements*. Es wird in einem sogenannten *Führungsrad* illustriert und findet – ganz im Sinne der Managementkybernetik – rekursiv seine Anwendung, vom Selbstmanagement eines einzelnen Managers bis hin zum Management großer Organisationen.

3.2 Professionalität[146]

In diesem einleitenden Kapitel beschreibt Malik Management als erlernbaren Beruf. Er distanziert sich von der Idee der *idealen Führungskraft*, insofern er sie zwar als schön gemeinhin akzeptiert, aber als völlig unrealistisch benennt. Seine Betrachtung zielt auf *normale Menschen*, deren *Professionalität*

---

[145] Siehe Literaturverzeichnis Malik01, dieses Buch ist die Grundlage des Kapitels 4

[146] Malik01, Professionalität, S. 33ff, weitere Einzelnachweise werden nur bei wörtlichen Zitaten aufgeführt

als Manager sich *in ihrem Handeln* zeigt. Er setzt den Beruf Manager in den Kontext von Organisationen und beschreibt die Aufgabe des Managers darin, Menschen und Institutionen wirksam zu machen. Er bedauert, dass dieser Beruf derzeit ohne passende Ausbildung[147] praktiziert werden muss, obwohl ein großer Teil dessen, was gute und richtige Führung ausmache, erlernbar sei.

Die wesentlichen erlernbaren Elemente sind die *Aufgaben*, *Werkzeuge* und *Grundsätze* guten und richtigen Managements. Die Aufgaben erfordern *Kenntnisse*, die Werkzeuge erfordern *Training*, die Grundsätze erfordern *Einsicht und Disziplin*. Das einzige nicht erlernbare wesentliche Element benennt er mit *Verantwortung*.

Die folgenden Kapitel seines Buches handeln von den erlernbaren Aufgaben, Werkzeugen und Grundsätzen für gutes und richtiges Management.

3.3 Grundsätze wirksamer Führung[148]

Die Grundsätze professionellen Managements sind der Kern managerieller Wirksamkeit. Sie beinhalten Werte und sind wesentlich für eine brauchbare Unternehmenskultur. Sie bestimmen, *in welcher Art* Aufgaben erfüllt und Werkzeuge eingesetzt werden.

Insofern können die Grundsätze also sehr einfach sein, trotzdem sind sie deshalb nicht unbedingt leicht umzusetzen. Im Gegenteil, ihre Anwendung im Einzelfall unter den konkreten Umständen ist meistens höchst komplex. Ausbildung und Erfahrung sind erforderlich.

Umgekehrt können hoch komplexe Systeme aus der Befolgung sehr einfacher Prinzipien entstehen. Hier referenziert Malik konkrete Bezüge zur Chaostheorie und Managementkybernetik.

---

147 Auch das MBA-Studium befasse sich (seinem Namen entsprechend) mit Administration, nicht mit Management.

148 Malik01, Grundsätze wirksamer Führung. Einführung, S. 77ff, weitere Einzelnachweise werden nur bei wörtlichen Zitaten aufgeführt

3.3.1 Resultatorientierung[149]

"Es kommt – im Management – nur auf die Resultate an."[150]

Als Beschreibung des Berufes *Management* kann gesagt werden, Management ist der *Beruf des Resultate-Erwirkens.* Sein Prüfstein ist die Erreichung von Zielen und die Erfüllung von Aufgaben. Es kommt also letztlich nur auf die Ergebnisse an.

Dieses Prinzip bewirkt, dass der Fokus aller Betrachtung darauf liegt, was möglich ist, statt darauf, was nicht funktioniert. Die Wirksamkeit liegt in der Frage: *Was wurde erreicht?*

Dieser erste Grundsatz kann letztlich zu harten und schmerzlichen Entscheidungen führen. Dies sollte jedem Manager bewusst sein.

Es geht bei der Arbeit nicht um den Spaß. Natürlich ist Spaß an der Arbeit positiv zu bewerten, doch darf er nicht als eigenes Ziel oder gar Anspruch betrachtet werden. Viel nützlicher ist der Standpunkt, dass die Ergebnisse der Arbeit Freude bereiten sollen. Dies bedeutet Freude an wirksamer Tätigkeit, also an *Effektivität.*

Effektivität wiederum hat normalerweise positive Nebenwirkungen. Sie macht Arbeit interessanter, da man sich gründlich und ernsthaft mit ihr befasst. Die Arbeit geht leichter von der Hand, da kompetent und zielgerichtet vorgegangen wird. Es kann Freude am Erfolg und Stolz auf die erreichten Ergebnisse erlebt werden. Die Aufgaben können in der Zukunft größer gestaltet werden. Für den Einzelnen führen insbesondere die Freude und der Stolz am Erfolg in der Regel zu einem hohen Maß an Selbstmotivation und Erfüllung.

Die besondere Wirksamkeit dieses Grundsatzes liegt letztlich darin, die Menschen in einer Organisation, ihre Einstellungen, ihr Denken und ihr Handeln auf das für die Organisation Notwendige auszurichten.

---

[149] Malik01, Resultatorientierung, S. 84ff, weitere Einzelnachweise werden nur bei wörtlichen Zitaten aufgeführt

[150] Malik01, Resultatorientierung, S. 84

3.3.2 Beitrag zum Ganzen[151]

"Es kommt darauf an, einen Beitrag zum Ganzen zu leisten."[152]

Dieser zweite Grundsatz ist der Kern ganzheitlichen Denkens und eine der Voraussetzungen für unternehmerisches Handeln. Er ermöglicht es, aus Spezialisten die *richtigen* Generalisten zu machen. Er ist ein Weg zu hierarchiearmen Organisationen und der Schlüssel zu einer dauerhaften Motivation.
Die Grundhaltung wird in der *Geschichte von den drei Maurern* anschaulich.

> Drei Maurer auf einer Baustelle antworten unterschiedlich auf die Frage:
> Was tun Sie da?
> Der Erste: Ich verdiene mir hier meinen Lebensunterhalt.
> Der Zweite: Ich bin der beste Maurer im ganzen Land.
> Der Dritte: Ich helfe hier mit, eine Kathedrale zu bauen.

Wesentlich geht es also darum, das Ganze zu sehen und dazu seinen Beitrag zu leisten. Es geht nicht um die Position, die man innehat. Die Position vermag höchstens hilfreich sein, um den Beitrag zu leisten.
Am Beispiel der zweiten Antwort sieht man Spezialistentum, welches hohe Gefahren birgt. Hier können die Ursachen schwerer Kommunikationsprobleme liegen. Solche Spezialisten können sich völlig in ihrer eigenen Realität bewegen, ohne sich im Geringsten in das Ganze zu integrieren und einzubringen.
Die Kenntnis des Ganzen und der Dienst am Ganzen, das Bewusstsein des eigenen Beitrags an der Entstehung, dem Erhalt und Erfolg des Ganzen führt dagegen zu einer stabilen und dauerhaften Motivation, die durch äußere Motivatoren kaum zu erreichen ist.

---

[151] Malik01, Beitrag zum Ganzen, S. 98ff, weitere Einzelnachweise werden nur bei wörtlichen Zitaten aufgeführt

[152] Malik01, Beitrag zum Ganzen, S. 98

Wirksame Manager stellen sich Fragen der Art:

"Was bedeutet mein Spezialgebiet für die Welt und für diese Organisation? Wem nützt das, was ich hier tue? Und wie muss ich es daher tun, damit es nützt?"[153]

Den Mitarbeitern sollte auch in regelmäßigen Abständen die Frage nach ihrem Beitrag gestellt werden, nicht nach ihrer Position oder ihrem Titel. Es sollte eine Sichtweise gefördert werden, die zu folgender Art von Antworten führt:

"Ich sorge in dieser Organisation dafür, dass ..."[154]

Eine wichtige Aufgabe des Managements ist es also, dafür zu sorgen, dass Klarheit über das Ganze und Klarheit über Zweck und Auftrag des Einzelnen besteht.
Diese Aufgabe ist umso wichtiger, als in modernen Organisationen das Ganze als solches nicht mehr sinnlich erfahrbar ist. Es muss also bewusst gemacht und in Gedanken rekonstruiert werden. Das ist keine Selbstverständlichkeit, sondern erfordert aktive Auseinandersetzung. Diese Auseinandersetzung sollte regelmäßig und ggf. sogar institutionalisiert stattfinden.

3.3.3 Konzentration auf Weniges[155]

"Es kommt darauf an, sich auf Weniges, dafür Wesentliches zu konzentrieren."[156]

Dieser Grundsatz ist überall wichtig. Im Management ist seine Bedeutung besonders groß, da hier eine besondere Gefahr der Verzettelung und Zersplitterung der Kräfte besteht. Insbesondere wenn man es mit komplexen und vernetzten Situationen zu tun hat, ist die Kunst bzw. Disziplin, sich auf Weniges, Wesentliches zu konzentrieren, notwendig.

---

153 Malik01, Beitrag und Motivation, S. 105

154 Malik01, Beitrag statt Titel, S. 106

155 Malik01, Konzentration auf Weniges, S. 110ff, weitere Einzelnachweise werden nur bei wörtlichen Zitaten aufgeführt

156 Malik01, Konzentration auf Weniges, S. 110

Weiterhin ist es wichtig, seinen Mitarbeitern ein konzentriertes Arbeiten zu ermöglichen. Ein häufiges Problem sind undisziplinierte Chefs, die ihre Mitarbeiter ständig bei ihrer Arbeit unterbrechen, also stören, behindern. Unter solchen Umständen wird in der Regel sehr hart gearbeitet, aber es werden nur wenige Ergebnisse erreicht.

Betrachtet man die Zeit, die Managern tatsächlich zur eigenen Verfügung steht, so sind dies vielleicht 20-30% ihrer Arbeitszeit. Der Rest ist fremdbestimmt. Dies macht eine Auswahl weniger, wesentlicher Themen schier unvermeidlich.

Für das Führen mit Zielen gilt dasselbe. Ziele zu finden ist einfach. Wichtiger ist es, zu dem Ergebnis zu kommen, auf welche Ziele man sich konzentrieren möchte.

Eine zunehmende Bedeutung hat heute die Kopfarbeit. Die Produktivität der Kopfarbeit ist eng gekoppelt an die Möglichkeit am Stück konzentriert zu arbeiten. Man nehme als Beispiel die Erstellung eines Marketingplans, die der erfahrene *Product Manager* auf etwa fünf Stunden Arbeit geschätzt hat. Nun stelle man sich vor, der Manager könne an dreißig Tagen jeden Tag zehn Minuten an dem Plan arbeiten, anstelle dass er sich einmal fünf Stunden ungestört dem Plan widmen kann. Dies kostet ebenfalls fünf Stunden, wird aber sicher nicht zum gewünschten Ergebnis führen.

Die Tragik an der Zersplitterung der Kräfte liegt in der Erfolglosigkeit trotz großer Anstrengung.

Wirksame Organisationen oder gute Institutionen sind deshalb Ein-Zweck-Systeme, genauso wie jedes gute Werkzeug ein Ein-Zweck-Gerät ist.

3.3.4 Vorhandene Stärken nutzen[157]

> "Es kommt darauf an, bereits vorhandene Stärken zu nutzen."[158]

Dieser Grundsatz findet immer spontan Zustimmung, ist aber trotzdem einer der am häufigsten missachteten Grundsätze. Wesentlich gilt es, die bereits

---

[157] Malik01, Stärken nutzen, S. 122ff, weitere Einzelnachweise werden nur bei wörtlichen Zitaten aufgeführt

[158] Malik01, Stärken nutzen, S. 122

vorhandenen Stärken zu nutzen. Praktiziert wird aber häufig die Beseitigung von Schwächen. Schwächen fallen eher auf und werden deshalb viel stärker wahrgenommen. So gibt es immer wieder Programme zur Minderung von Schwächen. Diese zeigen natürlich auch ihre Wirkung. Was jedoch letztlich durch das erfolgreiche Programm erreicht wird, ist ein Schritt in die Mittelmäßigkeit auf dem zuvor schwachen Gebiet.

Viel wichtiger ist es, festzustellen, wo ein Mitarbeiter seine Stärken hat. Die Aufgaben sollten sich dann an diesen Stärken orientieren bzw. die Stellen, Jobs, Aufgaben sollten so gestaltet werden, dass die Stärken genutzt werden können. Nur im Bereich der Stärken einer Person können die besten Leistungen (oder überhaupt Spitzenleistungen) erwartet werden. Die Motivation, gut zu sein, erübrigt sich in Bereichen, in denen jemand gut ist, weil er da seine Stärken hat.

Hingegen die Beseitigung von Schwächen zu verlangen, kann unmenschliche Züge annehmen. Man sollte die Menschen nicht verändern wollen, sondern sie nehmen, wie sie sind. Jeder Mensch hat nun mal Stärken und Schwächen. Das Fehlen von Schwächen erzeugt auch nicht irgendwelche Stärken. Die Schwächen von Personen sollte man nichtsdestotrotz kennen, nämlich um die Personen in diesen Bereichen nicht einzusetzen. Die Beseitigung von Schwächen sollte dort in Angriff genommen werden, wo sie der Entfaltung der Stärken im Wege stehen.

Das Fördern vorhandener Stärken wird mit geringerem Aufwand zu besseren Ergebnissen, nämlich mehr als Mittelmäßigkeit, führen können. Dies erfordert zunächst das Kennen von Stärken. Die Stärken eines Menschen herauszufinden ist schwieriger und zeitaufwendiger als das Herausfinden von Schwächen und erfordert eine gute Beobachtung. Ein Indiz für Stärken sind gute und schnelle Ergebnisse, die jemandem selbst gar nicht auffallen, weil die Tätigkeiten so einfach und gut von der Hand gehen.

Die Aufgabe guten Managements ist es, Stärken gut zum Einsatz zu bringen und Schwächen bedeutungslos zu machen.

3.3.5 Vertrauen[159]

"Es kommt auf das gegenseitige Vertrauen an."[160]

Dieser Grundsatz hängt unmittelbar mit der Unternehmenskultur und der Motivation von Mitarbeitern zusammen. Ohne Vertrauensbasis sind diese nicht beeinflussbar. Derartige Bemühungen werden im Gegenteil eher als unehrlich, manipulativ oder sogar zynisch empfunden.

Schafft es eine Führungskraft eine gute Vertrauensbasis zu etablieren, so ist damit eine robuste Führungssituation geschaffen, die (zwangsläufig vorkommende) Fehler verkraften kann.

Es gibt einige Regeln, die helfen, Vertrauen zu schaffen.

Ganz wesentlich ist der Umgang mit Fehlern. So bleiben Fehler des Vorgesetzten immer Fehler des Vorgesetzten und sollten weder vertuscht noch überspielt und schon gar nicht den Mitarbeitern zugeschoben werden. Sie sollten eingestanden werden. Umgekehrt sind Fehler des Mitarbeiters nach außen und oben immer Fehler des Chefs. Erfolge der Mitarbeiter bleiben Erfolge der Mitarbeiter.

Vertrauen erfordert zuhören. Was ein Mitarbeiter seinem Vorgesetzten zu sagen hat, kann zwar kurz gefasst, aber nicht ignoriert werden, ohne einen Vertrauensverlust zu erleiden. Es sollte stattdessen konzentriert und aufmerksam zugehört werden.

Echtheit, Authentizität und die Erfüllung der Aufgaben schaffen Vertrauen, das Spielen einer Führungsrolle nicht. Auch ein bestimmter Führungsstil ist nicht weiter relevant für eine gute Vertrauensbasis. Gute Manieren und ein zivilisierter Umgang miteinander sind wichtiger.

Das vielleicht wichtigste vertrauensbildende Element ist die charakterliche Integrität der Führungskraft. Sie muss meinen, was sie sagt, und genau so handeln. Konsistenz und Prognostizierbarkeit sind entscheidende Bestandteile der Vertrauensbasis.

---

[159] Malik01, Vertrauen, S. 140ff, weitere Einzelnachweise werden nur bei wörtlichen Zitaten aufgeführt

[160] Malik01, Vertrauen, S. 140

Vertrauen sollte seitens der Führungskraft auf Vorschuss gewährt werden, aber keinesfalls blind sein. Vertrauensmissbrauch darf nicht geduldet werden. Dies muss sowohl angekündigt als auch konsequent realisiert werden. Fehler sollten immer benannt werden, und zwar um Lösungen zu finden und unterstützen zu können.

Nicht geduldet werden darf auch jegliches intrigante Verhalten. Egal wie gut das fachliche Wissen sein mag, man muss sich von Intriganten trennen. Sie zerstören das Vertrauen.

3.3.6 Positiv Denken[161]

> "Es kommt darauf an, positiv oder konstruktiv zu denken."[162]

Dieser Grundsatz ist insofern von hohem Wert, als umgekehrt negatives Denken und das entsprechende Verhalten immens zerstörerisch sind. Wirksame Führungskräfte handeln in der einen oder anderen Form nach diesem Grundsatz, ohne groß darüber zu reden.

Die Fähigkeit, Probleme zu lösen, ist in diesem Zusammenhang bedeutend, noch wichtiger aber ist das Erkennen und Nutzen von Chancen. Der Grundsatz vom positiven Denken hilft Chancen statt Probleme zu sehen. Dies bedeutet, nicht die Augen vor Problemen zu verschließen, sondern selbst in Problemen nach Möglichkeiten und Chancen zu suchen. Dieses Bemühen steht in engem Zusammenhang mit der Fähigkeit, sich selbst zu motivieren, was wiederum eine Frage der Disziplin und Praktik zu sein scheint. Die Fähigkeit zur Selbstmotivation und der Blick auf Chancen in Problemen laufen letztlich auf den Willen zur Veränderung hinaus. Somit werden Probleme weder ignoriert noch erduldet, sie werden angegangen.

Die Befähigung zum positiven Denken ist erlernbar. Die unterschiedlichen Methoden des mentalen Trainings bieten gute Unterstützung dabei. Egal welche der Methoden eingesetzt wird, wesentlich dabei ist, dass trainiert

---

161 Malik01, Positiv Denken, S. 157ff, weitere Einzelnachweise werden nur bei wörtlichen Zitaten aufgeführt

162 Malik01, Positiv Denken, S. 157

wird, sich selbst bewusst zu beeinflussen. Unter Verwendung bildhafter Vorstellungen und der Interiorisierung von Handlungen kann insbesondere die Selbstüberwindung gefördert werden und zu Spitzenleistungen führen, wie zahlreiche Beispiele aus dem Extremsport belegen. Die eigene Einstellung wird also bewusst beeinflusst und führt zur Befreiung von Abhängigkeiten aus gegebenen Rahmenbedingungen.
Positives Denken bedeutet weiterhin, unabhängig von Rahmenbedingungen immer sein Bestes zu geben. Es gibt also keine Rechtfertigung durch die Umstände, nichts tun zu können.

> "Tu, was Du tun kannst; mit dem was Du hast und dort, wo Du bist."[163]

3.3.7 Zusammenfassung: Qualität der Führung[164]

Die beschriebenen Grundsätze sollten vernünftigerweise den Kern jeder Unternehmenskultur bilden. Sie sind Kriterien für gutes, kompetentes und wirksames Management, also für richtiges Management. Ohne diese Prinzipien kann es nach Malik gutes Management nicht geben.

> "Sie sind Standards für die kritische Prüfung von Managementtheorien."[165]

Die Grundsätze bilden einen Satz von verhaltenssteuernden Regeln und sind in ihrem Zusammenhang und ihren Wechselwirkungen zu sehen, also systemisch. Sie sind lernbar und leicht zu verstehen, wenn auch nicht unbedingt bequem anzuwenden. Sie führen zu einem beobachtbaren Verhalten, so dass sich leicht feststellen lässt, ob sie verstanden und angewandt werden.

---

163 Malik01, Sein Bestes geben, S. 167

164 Malik01, Zusammenfassung: Qualität der Führung, S. 169ff, weitere Einzelnachweise werden nur bei wörtlichen Zitaten aufgeführt

165 Malik01, Zusammenfassung: Qualität der Führung, S. 170; In der hier vorliegenden Studie wird sogar noch darüber hinaus gegangen. Das gesamte Standardmodell Maliks wird zur Prüfung der Managementmethodik Scrum angewandt.

3.4 Aufgaben wirksamer Führung[166]

Das zweite Element wirksamer Führung, welche Führungskräfte laut Malik zu erfüllen haben, sind die Aufgaben. Die hier beschriebenen Aufgaben sind das Soll, um als Manager wirksam zu sein. Malik hält es für wichtig, hierbei klar zwischen Sachaufgaben und Managementaufgaben zu unterscheiden. Die Managementaufgaben erfordern Managementkenntnisse und sind im Prinzip immer gleich, während die Sachaufgaben Sach- und Fachkenntnisse erfordern, welche sehr verschieden sein können. Das *Was* von Management ist also überall dasselbe, aber das *Wie* kann bzw. muss sehr unterschiedlich sein. Am Beispiel der Aufgabe *für Ziele sorgen*[167] lässt sich dies auf Anhieb nachvollziehen. Für die Überlegungen von strategischen Zielen werden zum Beispiel andere Kenntnisse benötigt als für Überlegungen auf Ebene eines Werksleiters. Auch die Definition der Inhalte von Zielen in unterschiedlichen Unternehmen oder gar Branchen wird ganz unterschiedliche Sachkenntnisse erfordern.

Malik geht es in seiner Arbeit nicht darum, Neues zu kreieren. Im Gegenteil, er hält die notwendigen und hinreichenden Aufgaben für im Grunde bekannt. Aus seiner Sicht geht es sowieso nicht darum, Management zu erneuern, sondern vielmehr darum, es zu *präzisieren* und zu *perfektionieren*. Dies hält er für umso wichtiger, als in immer zahlreicher werdenden Organisationen Information und Wissen die wichtigsten Ressourcen sind und diese Unternehmen gegen Managementfehler sehr empfindlich sind. Er selbst orientiert sich an den Beispielen wirkungsvoller Menschen und dabei insbesondere an ihren Praktiken.

---

[166] Malik01, Aufgaben wirksamer Führung. Vorbemerkungen, S. 173ff, weitere Einzelnachweise werden nur bei wörtlichen Zitaten aufgeführt

[167] Vgl. Kapitel: Standardmodell wirksamen Managements, Für Ziele sorgen

3.4.1 Für Ziele sorgen[168]

Für Ziele zu sorgen ist die erste Aufgabe wirksamen Managements. Wesentlich ist in erster Linie, dass Ziele überhaupt vorhanden sind. Wie sie zustande kommen, ob als Vorgabe oder Vereinbarung, ist erst sekundär wichtig.

Das Grundprinzip des Führens mit Zielen ist nicht neu und bereits weit verbreitet als *Management by Objectives (MbO)*. Der Ansatz scheint allerdings in der Praxis mehr schlecht als recht zu funktionieren. Das Prinzip wird häufig als Methode zur Führung eines Unternehmens oder einer Institution als Ganzes angesehen und weniger als Aufgabe eines jeden einzelnen Managers. Die Ziele gehen aber ins Leere, wenn sie nicht bis auf die Ebene jedes einzelnen Mitarbeiters heruntergebrochen werden. Dies ist enorm arbeitsintensiv, da die Ziele auf allen Arbeitsebenen soweit durchdacht, diskutiert, ausgearbeitet und präzisiert werden müssen, dass sie für die jeweiligen Mitarbeiter tatsächlich praktisch brauchbar sind. Des Weiteren benennt Malik fehlerhafte Praktiken, die die Wirksamkeit des Führens mit Zielen maßgeblich beeinflussen.

Zunächst gilt es, Systembürokratie zu vermeiden, also aus einem einfachen Prinzip kein kompliziertes bürokratisches Programm oder System zu machen, sondern stattdessen zu verlangen, dass das Prinzip des Führens mit Zielen auf allen Ebenen tatsächlich angewandt wird. Malik schlägt vor, im Dienste der Klarheit als Führen mit Zielen (MbO) das Führen mit persönlichen Jahreszielen zu verstehen. Das Prinzip lässt sich dann weiter verallgemeinern.

Dazu gehört, dass die Mitarbeiter ausreichend über die grundsätzlichen Absichten, also die prinzipielle Marschrichtung für die nächste Periode, informiert werden. Idealerweise findet dies sowohl mündlich als auch schriftlich statt.

Konkret sollten nur wenige Ziele vereinbart werden (Grundsatz der Konzentration auf Weniges). Diese Ziele dürfen selbstverständlich die Aufgabenerfüllung nicht behindern, im Gegenteil. Zur Bestimmung der wenigen Ziele ist eine *Priorisierung* notwendig und sinnvollerweise auch die Bestimmung von

---

168 Malik01, Für Ziele sorgen, S. 176ff, weitere Einzelnachweise werden nur bei wörtlichen Zitaten aufgeführt

Posterioritäten (Nachrangigkeiten). Die Fragestellung sollte wie folgt sein: "Ist das wirklich wichtig? Was passiert, wenn wir das nicht erreichen?"[169] Nachrangigkeiten können letztlich entfallen. Die Maxime dafür lautet "das Richtige und das dafür richtig"[170].

Ziele sollten des Weiteren *groß* sein, etwas *bedeuten*, wenn sie erreicht werden. Es sind die herausfordernden Aufgaben, an denen sich Menschen entwickeln, die sie motivieren und die eigenen Grenzen übersteigen lassen. Zu viele und zu kleine Aufgaben führen zu Verzettelung, also zu viel Arbeit ohne adäquate Ergebnisse und Erfolgserlebnisse.

Die jährliche Zielsetzung sollte somit nicht nur fokussieren, sondern als Gelegenheit zum Ausmisten genutzt werden. "Was sollte ich und will ich – nicht mehr tun?"[171]. Auch dies sollte als Ziel schriftlich fixiert werden.

Idealerweise sind die Ziele in irgendeiner Form quantifizierbar, Minimum ist, dass jedes Ziel einen Termin hat. Lässt sich ein Ziel nicht quantifizieren, so bedeutet dies nicht, dass es nicht definiert werden darf. Im Gegenteil, häufig sind es die wichtigsten Ziele eines Unternehmens (z.B. Qualität, Kundennutzen, Innovation), die am schwierigsten zu quantifizieren sind. Die leitende Frage zur Quantifizierung formuliert Malik wie folgt:

> "Woran wollen wir am Ende der nächsten Periode feststellen und beurteilen können, ob wir dem Ziel näher gekommen sind, oder nicht?"[172]

Gute Ziele sind immer auch ein Resultat des Abwägens und Balancierens zwischen widersprüchlichen Zielsetzungen. In dieser Kunst unterscheidet sich fähiges Management deutlich von unfähigem Management.

Um zu realistischen und praktikablen Zielen zu gelangen, empfiehlt Malik Ziele, Mittel und Maßnahmen zwar begrifflich zu unterscheiden, sie aber immer gemeinsam zu betrachten. Er betrachtet die Ressourcenfrage als "kriegsentscheidend"[173].

---

[169] Malik01, Für Ziele sorgen, S. 179
[170] Malik01, Für Ziele sorgen, S. 180
[171] Malik01, Für Ziele Sorgen, S. 182
[172] Malik01, Für Ziele sorgen, S. 183
[173] Malik01, Für Ziele sorgen, S. 186

Des Weiteren sollten Ziele weitestgehend individualisiert sein, und die Verantwortung sollte persönlich zugeordnet sein, damit die Ziele wirksam sein können. Ordnet man die Verantwortung für eine Zielerreichung einer Gruppe zu, so muss der Realisierungserfolg skeptisch betrachtet werden. De facto bedeutet dies eine besonders gute, dichte Kontrolle, um korrigierend eingreifen zu können. Die Individualisierung von Zielen bedeutet auch, genau auszuwählen, welche Mitarbeiter überhaupt für Zielvereinbarungen in Frage kommen. Genauso muss bei der Anwendung von Zielvereinbarungen zwischen erfahrenen und unerfahrenen Mitarbeitern unterschieden werden. "Man darf also keine falsche Gleichmacherei betreiben."[174]

Die Jahresziele dienen der Realisierung langfristiger Ziele des Unternehmens. Je schwieriger aber eine Situation ist, desto kurzfristiger müssen die Ziele definiert werden. Dies trifft auf schwierige Unternehmenssituationen (Fusionen, Sanierungen etc.) genauso zu, wie auf schwierige persönliche Situationen. Als extremes Beispiel können existentiell bedrohende Situationen dienen, in denen es konkret darum geht die nächste Stunde oder den nächsten Tag zu überleben. Es wird dann genau von einem Schritt auf den nächsten Schritt geplant.

Ziele sollen, wie gesagt, präzise und schriftlich dokumentiert werden. Dass es überhaupt Ziele gibt, ist wichtiger als die Frage, ob diese vorgegeben oder vereinbart werden. Es kann aber davon ausgegangen werden, dass Ziele, die miteinander vereinbart werden, zu einer höheren Motivation beim Mitarbeiter führen, so dass dies der Vorgabe vorzuziehen ist. Allerdings ist immer auch darauf zu achten, dass die Partizipation nicht zum Selbstzweck wird. Der Zweck liegt in den spezifischen Unternehmenszielen. Somit bestimmt die Managementaufgabe *für Ziele sorgen* maßgeblich die *Effektivität* einer Organisation. Erst über das Ziel definiert sich die Leistung, die in getätigter Arbeit liegt.

> "Ziele geben der menschlichen Anstrengung Richtung und Sinn."[175]

---

[174] Malik01, Für Ziele sorgen, S. 187

[175] Malik01, Für Ziele sorgen, S. 190

3.4.2 Organisieren[176]

Effektive Menschen organisieren sich, ihre Aufgaben und ihren Verantwortungsbereich selbst. Organisieren ist die zweite Aufgabe wirksamen Managements. Die Veränderungen in Wirtschaft und Gesellschaft verändern auch die Organisationsstrukturen in Unternehmen. Die fruchtbarste Organisationsstruktur sieht Malik in dem von Stafford Beer beschriebenem *Viable System Model (VSM)*[177]. Malik beschäftigt sich in dem Kapitel *Organisieren* damit, was organisatorisch *immer* zu beachten ist.

Zunächst ist zu beachten, dass Reorganisation und Umstrukturierung nie ohne Not stattfinden sollten. Organisatorische Veränderungen sind vergleichbar mit chirurgischen Eingriffen am lebenden Organismus, und zwar ohne Betäubung. Menschen können Veränderungen und Wandel durchaus gut verkraften, doch werden die produktiven Leistungen in den Phasen der Ruhe und Stabilität erbracht. Wenn tatsächlich reorganisiert werden muss, so nur nach bester Vorbereitung mit gründlicher Planung des Vorgehens und nach Einleitung aller flankierenden Maßnahmen.

Es gibt im Grunde sowieso keine *gute* Organisation. Sie sind alle mehr oder weniger schlecht.

> "[...] alle produzieren Konflikte, Koordinationsaufwand, Informationsprobleme, zwischenmenschliche Reibungsflächen, Unklarheiten, Schnittstellen und alle Arten von sonstigen Schwierigkeiten. [...] Alle Organisationen erfordern Kompromisse."[178]

Bevor man versucht, Probleme durch Änderung der Strukturen zu lösen, sollten andere Wege geprüft werden. Gutes Management kann schlechte Strukturen durchaus kompensieren. Umgekehrt geht dies nicht.

Wirksame Organisationen sind Einzweck-Gebilde, deshalb aber nicht unbedingt einfach. Malik formuliert mit Blick auf Wirtschaftsunternehmen drei sinngemäß verallgemeinerbare Fragen, die es bei der Frage nach der Organisation im Kern zu beantworten gilt.

---

176 Malik01, Organisieren, S. 192ff, weitere Einzelnachweise werden nur bei wörtlichen Zitaten aufgeführt

177 Das Viable System Model (VSM) ist das Model lebensfähiger Systeme.

178 Malik01, Organisieren, S. 194

> "Wie müssen wir uns organisieren, damit das, wofür der Kunde uns bezahlt im Zentrum der Aufmerksamkeit steht und von dort nicht wieder verschwinden kann?
>
> Wie müssen wir uns organisieren, damit das wofür wir unsere Mitarbeiter bezahlen, von diesen auch wirklich getan werden kann?
>
> Wie müssen wir uns organisieren, damit das, wofür die Firmenspitze, das Top-Management, bezahlt wird, von diesen auch wirklich getan werden kann?"[179]

Für wirklich schlechte Organisationen, bei denen man tatsächlich von *Organisationsproblemen* ausgehen kann, gibt es ein paar wenige Indizien bzw. Symptome.

Die sichersten und ernstesten sind die *Vermehrung von Managementebenen.* Man benötigt kürzestmögliche Wege. Jede zwischengeschaltete Ebene erschwert gegenseitiges Verständnis, verzerrt Informationen, verfälscht Ziele und ist somit eine Quelle von Trägheit, Reibung und Kosten.

Das sogenannte *bereichsübergreifende Arbeiten* ist ein weiteres Symptom für falsche Organisation. Richtige Organisation macht möglichst wenig bereichsübergreifendes Arbeiten notwendig. Prozessorientierte Organisationsformen scheinen hier in die richtige Richtung zu weisen.

Genauso ist es ein Indiz schlechter Organisation, wenn für die Erledigung von Angelegenheiten erst einmal viele Personen zusammenkommen müssen, um sich zu koordinieren und abzustimmen, bevor überhaupt etwas getan werden kann. Im Gegenteil, die *Notwendigkeit* persönlicher Kontakte sollte minimiert werden, aber natürlich nicht die *Möglichkeit.* Die Möglichkeit sollte geschaffen und gefördert werden. Die Gebäude-Architektur, die Anordnung der Arbeitsplätze, die Cafeteria oder die Kantine und Betriebsanlässe sind Beispiele dafür.

Mehrere Leute mit ein und derselben Aufgabe zu betreuen, ist ebenfalls ein Zeichen schlechter Organisation oder besser gesagt personeller Überbesetzung. Trotz des Zeitalters von Arbeitsgruppen und Teamarbeit gilt es, die guten Leute nicht zu demotivieren und nur mittelmäßige Ergebnisse (auch noch langsam) zu produzieren.

---

179 Malik01, Organisieren, S. 195

> "Die produktivste Ressource ist noch immer ein fähiger kompetenter Mitarbeiter, den man arbeiten lässt und der durch nichts behindert ist."[180]

Die *Notwendigkeit von Koordinatoren und Assistenten* sollte ebenfalls auf das Nötigste limitiert werden. Statt der Orientierung an Resultaten wird sonst rasch die Orientierung an Status und Rangfragen begünstigt. Nutzlose Analysen statt zielgerichtetem Handeln stehlen den produktiven Mitarbeitern die Zeit.

Ein ernsthaftes organisatorisches Problem sind viele Jobs mit ein bisschen von allem. Sie widersprechen nicht nur dem Grundsatz der Konzentration auf Weniges, sie sind "desaströs für die Arbeit von Menschen"[181]. Sie führen zur Flucht aus Leistung und Verantwortung und lassen sichtbare, vorzeigbare Resultate missen. Achtung und Anerkennung von Kollegen und Mitarbeitern bleiben aus und führen zu fehlendem Respekt.

Sollte man also aufgrund eines oder mehrerer der genannten Symptome oder aus ganz anderen Gründen (wie Allianzen, Joint-Ventures etc.) zu dem Ergebnis kommen, dass eine Reorganisation notwendig ist, so gilt:

> "[...] dann müssen die erforderlichen Änderungen sorgfältig im Voraus durchdacht werden – und danach müssen sie rasch und kompromisslos durchgezogen werden. Zögerlichkeit und Unschlüssigkeit entmutigt die Befürworter und stärkt die Gegner der erforderlichen Maßnahmen. Geschwindigkeit ist wichtig, damit nach einer Strukturänderung alle wieder ungestört arbeiten können, die Produktivität zurückkehrt, die während einer Restrukturierung immer leidet, und damit auch wieder Humanität einkehren kann, die Menschen brauchen, um vernünftig zu arbeiten."[182]

---

[180] Malik01, Organisieren, S. 199

[181] Malik01, Organisieren, S. 200

[182] Malik01, Organisieren, S. 199

3.4.3 Entscheiden[183]

Entscheiden ist für Führung die typischste Aufgabe.

> "Wer entscheidet, ist eine Führungskraft, unabhängig von Rang, Titel, und Stellung. Und umgekehrt [...] wer nicht entscheidet, ist keine Führungskraft."[184]

Es ist auch die kritischste Aufgabe. Malik beleuchtet deshalb seltener behandelte Aspekte wie Partizipation, Konsens und Fragen der Realisierung von Entscheidungen. Er ist der Meinung, dass das Trainieren von Entscheidungen und das Aneignen einer brauchbaren Entscheidungsmethodik bei Managern gemeinhin nicht den notwendigen Stellenwert einnehmen und viele Irrtümer und Missverständnisse zum Thema *Entscheiden* kursieren.
Er beginnt damit, dass viele Manager viel zu schnell zur Entscheidung übergehen, bevor tatsächlich das Problem klar ist. Das Problem muss aber überhaupt erst herausgefunden werden.

> "Wenn das Problem falsch begriffen ist, dann kann es niemals eine richtige Entscheidung geben."[185]

Die erste und wichtigste Frage muss lauten: "Worum geht es hier wirklich?"[186]
Auch die Meinung, viele und schnelle Entscheidungen seien kennzeichnend für eine gute Führungskraft, ist falsch. Im Gegenteil, gute, effektive Manager treffen wenige Entscheidungen, diese aber wohl überlegt und mit Bedacht. Denn die Korrektur von Entscheidungsfehlern kostet immer mehr als eine gute Entscheidungsfindung im Vorhinein. Es erfordert die Kombination aus Wissen, jahrelanger Erfahrung und Training, um schnelle und trotzdem richtige Entscheidungen treffen zu können. Tempo und Gründlichkeit von Entscheidungen abzuwägen, braucht Urteilskraft, Erfahrung und viel Sachkenntnis. Eine Formel lässt sich dafür nicht angeben.

---

[183] Malik01, Entscheiden, S. 202ff, weitere Einzelnachweise werden nur bei wörtlichen Zitaten aufgeführt

[184] Malik01, Entscheiden, S. 202

[185] Malik01, Entscheiden, S. 203

[186] Malik01, Entscheiden, S. 204

Die Suche nach verschiedenen Lösungsalternativen wird häufig auch zu wenig betrieben. Wirklich wichtige Entscheidungen erfordern die Prüfung aller Alternativen, was zeitaufwendig ist. Deshalb konzentrieren sich gute Manager auch auf die wesentlichen Entscheidungen, das heißt insbesondere auf die *Grundsatzentscheidungen*.

Die Entscheidung selbst ist aber noch nicht das Wichtigste. Viel wichtiger und schwieriger ist die *Umsetzung der Entscheidung*. Diese sollte als Bestandteil des Entscheidungsprozesses betrachtet werden. Im Voraus an die spätere Realisierung zu denken, bedeutet die Personen, die mit der Entscheidung konfrontiert werden und diese letztlich verstehen und umsetzen müssen, frühzeitig zu identifizieren. Diese Personen sollten gleich in die Entscheidungsfindung einbezogen werden. Dieses *partizipative Entscheiden* ermöglicht eine realistische Entscheidungsfindung und vor allem eine wirksame Entscheidungsrealisierung. Nichtsdestotrotz bleibt es Aufgabe der Führungskraft, sich zu vergewissern, dass die entscheidenden Dinge auch tatsächlich getan werden. Gute Manager machen dies persönlich und vor Ort. Sie treffen insbesondere Entscheidungen, die viele Neuerungen bergen, nicht ohne vorher Maßnahmen zum Ermöglichen der Veränderungen (Trainings, Informationen, Werkzeuge) festzulegen.

Konsens als weiterer wichtiger Aspekt von Entscheidungsfindungen ist klar abzugrenzen von jedwedem Harmoniebestreben. Tragfähiger Konsens entsteht aus offen ausgetragenem *Dissens*. Fehlender Dissens sollte misstrauisch machen. Man kann ihn systematisch produzieren, um in der Folge zu einem tragfähigen Konsens zu kommen und zu vermeiden, dass der Dissens erst in der Realisierungsphase zum Vorschein kommt und dann die Umsetzung der Entscheidung behindert. Dies kostet Zeit, Arbeit und Kraft, aber es führt zu besseren Entscheidungen und besseren Ergebnissen.

Der Entscheidungsprozess kann in der Regel durch eine einfache Vorgehensweise geleitet werden. Die Schrittfolge ist immer wieder dieselbe:

> "Die Präzise Bestimmung des Problems.
> Die Spezifikation der Anforderungen, die die Entscheidung erfüllen muss.
> Das Herausarbeiten aller Alternativen.

Die Analyse der Risiken und Folgen für jede Alternative und Festlegung der Grenzbedingungen.
Der Entschluss selbst.
Der Einbau der Realisierung in die Entscheidung.
Die Etablierung von Feedback: Follow-up und Follow-through."[187]

Die Wichtigkeit der Problembestimmung wurde oben bereits genannt. Das Minimum jeder Problemanalyse ist die Klassifizierung des Problems in *Einzelfall* oder *Grundsatzproblem*. Für den Einzelfall mag eine Ad-hoc-Entscheidung völlig ausreichen. Das Grundsatzproblem erfordert eine Grundsatzentscheidung mit einer entsprechend sorgfältigen Problemanalyse, die immer wieder gegen alle verfügbaren Fakten getestet wird.

Die Spezifikation der Anforderungen an die Entscheidung beschreibt den "minimalen Idealzustand"[188], den die Entscheidung herbeiführen muss. Das Minimum ist die Grenze, unterhalb derer auf eine Entscheidung verzichtet wird, weil sie zu wenig bringt. Der Idealzustand beantwortet die Fragestellung "Was wäre richtig?"[189]. Kompromisse sollen nicht zu früh in die Entscheidung eingebaut werden. Man muss sowieso mit ihrer Notwendigkeit im späteren Verlauf rechnen.

Das Herausarbeiten aller Alternativen beinhaltet auch den Status quo als eine Alternative. Es ist durchaus möglich, dass alle anderen Alternativen so viele andere Probleme produzieren, dass der Status quo als beste Alternative verbleibt.

Die Analyse der Folgen und Risiken der verschiedenen Alternativen folgt einem immer wieder verwendbaren Schema. Zunächst gilt es, die zeitliche Bindung der Entscheidung festzustellen und herauszufinden, inwieweit sie reversibel ist. Dann gilt es, die Art der verbundenen Risiken festzustellen. Ist es ein unvermeidbares, immer vorhandenes Risiko? Ist es ein darüber Hinausgehendes, welches man sich leisten oder nicht leisten kann? Oder ist es gar eines, welches nicht einzugehen man sich gar nicht leisten kann? Letztlich gilt es noch, die jeweiligen Annahmen oder Prämissen als sogenannte

[187] Malik01, Entscheiden, S. 211
[188] Malik01, Entscheiden, S. 215
[189] Malik01, Entscheiden, S. 214

Grenzbedingungen herauszuarbeiten und zu dokumentieren. Beim Eintreten einer Grenzbedingung zu einer Entscheidung muss von einem Irrtum ausgegangen werden und eine neue Entscheidung unter geänderten Bedingungen getroffen werden.
Der Entschluss selbst kann nach sorgfältiger Durchführung der vorhergehenden Punkte getätigt werden. Ein zusätzlicher Ratgeber für den Manager sollte zu diesem Zeitpunkt die eigene innere Stimme sein. Wenn diese deutliche Einwände hat, sollte man jede Möglichkeit wahrnehmen, nochmal von vorne zu beginnen.
Die Realisierung der Entscheidung erfordert die schriftliche Festlegung der Maßnahmen (und zwar der *kritischen* Maßnahmen), die Bestimmung einer verantwortlichen Person für jede Maßnahme und die Festlegung von Terminen. Die Festlegung der Maßnahmen beinhaltet die Betrachtung:

welche Personen in die Realisierung einbezogen werden müssen,
wer bis wann in welcher Weise informiert werden muss,
wer welche Trainings, Werkzeuge u.s.f. benötigt, um einen aktiven Beitrag leisten zu können,
welche Kontrollmechanismen und welches Berichtswesen Verwendung finden soll.

Der Einbau der Realisierung in die Entscheidung ist also "[...] das Aktionsprogramm: Was, wer, bis wann?"[190]
Der letzte oben genannte Punkt *Etablierung von Feedback* ist wechselseitig zu verstehen. Es meint in der einen Richtung seitens des Managers ein konsequentes, persönliches, vor Ort tätiges Nachhalten der Realisierung, bis sie beendet ist. In der anderen Richtung meint es die Kommunikation des Standes der Dinge an alle Betroffenen und Beteiligten, so dass erreichte Ergebnisse und Erfolge auch für alle sichtbar werden. Der Manager verkörpert somit das Feedback in eigener Person.

---

190 Malik01, Entscheiden, S. 222

Malik stellt zum Thema *Partizipation im Entscheidungsprozess* ergänzend Regeln vor. So sollten möglichst jene Personen, die bei der Realisierung der Entscheidung eine Schlüsselrolle spielen, auch in den einzelnen Schritten des Entscheidungsprozesses mitwirken. Die wesentliche Frage an diese Mitarbeiter lautet dann:

> "Wie sehen Sie die Lage, aus der Sicht Ihrer Funktion, Ihrer Ausbildung und Erfahrung?"[191]

So kann schnell und wirksam die Vieldimensionalität eines Entscheidungsproblems berücksichtigt werden. Die Entscheidung selbst wird aber dann *einzig und allein* von demjenigen Manager getroffen, der auch die Verantwortung trägt.

3.4.4 Kontrollieren[192]

Kontrolle muss sein, das kann nicht in Frage gestellt werden. Kontrolle ist eine Notwendigkeit, wenn man qualitativ gute Ergebnisse erzielen möchte. Beispiele wie Flug- und Bahnunfälle oder Katastrophen in Kraftwerksanlagen oder Tunneln zeigen dies drastisch. Sie weisen regelmäßig (unter anderem) mangelhafte Kontrollen als Verursacher auf.

Wie kontrolliert wird, ist hingegen selbstverständlich ein Diskussionsthema. So stehen z.B. Freiräume bei der Arbeit keineswegs im Widerspruch zu Kontrolle. Kontrolliert werden muss in diesem Zusammenhang die Nutzung der Freiräume, also ob sie genutzt werden und ob sie richtig genutzt werden.

Die beste Form der Kontrolle wäre wohl, wie bereits Peter F. Drucker 1955 in seinem Buch "The Practice of Management" feststellte, die Selbstkontrolle. Man müsste also die Organisation derart gestalten, dass alle Menschen in der Organisation in die Lage versetzt werden, sich weitestgehend selbst zu kontrollieren. Dies würde zwar die Notwendigkeit von Kontrolle nicht beseitigen, aber sehr wohl das Ausmaß stark reduzieren. Die Grundlage von Kontrolle muss dabei immer das Vertrauen in die Leistungsfähigkeit und in die

---

191 Malik01, Entscheiden, S. 225

192 Malik01, Kontrollieren, S. 227ff, weitere Einzelnachweise werden nur bei wörtlichen Zitaten aufgeführt

Leistungsbereitschaft des Mitarbeiters sein. Die Kontrolle gegen Missbrauch dient dabei dem Erhalt des Vertrauens.
Ausreichende Sicherheit (und nicht das Ausschöpfen aller Kontrollmöglichkeiten) muss der Leitgedanke von Kontrollen sein. Man sollte sich auf die kleinstmögliche Zahl von Kontrollpunkten beschränken.

> "Was müssen wir – unbedingt und unverzichtbar – kontrollieren, um ausreichend gerechtfertigtes Vertrauen haben zu können, dass nichts Wesentliches 'aus dem Ruder' gehen kann?"[193]

Des Weiteren sollte man mit Stichproben statt mit Vollerhebungen arbeiten, wo immer möglich. Der Computer vermag beim Einsatz statistischer Methoden gute Hilfe zu leisten. Schließlich müssen auch bei den Kontrollen Kosten und Nutzen gegeneinander abgewogen werden.
Der vernünftige Einsatz von Kontrolle soll das Verhalten von Menschen steuern. Vernünftige Kontrolle ist also *aktionsorientiert* statt *informationsorientiert*. Letzteres würde rasch den Eindruck von Beschnüffelung erwecken und somit destruktiv wirken. Weiterhin erfordert funktionierende Kontrolle, dass Probleme nicht verheimlicht oder versteckt werden dürfen, sondern im Gegenteil möglichst beim ersten Anzeichen berichtet werden.
Kontrolle beinhaltet auch die Überwachung anhängiger Angelegenheiten, und zwar lückenlos. Malik verwendet dafür die schweizerisch geprägte Bezeichnung "lückenlose Pendenzenkontrolle"[194]. Diese Kontrolle bedeutet natürlich nicht, dass auch alles erledigt werden muss. Prioritäten können sich schließlich auch ändern. Aber es bedeutet, dass Dinge nicht einfach übersehen oder vergessen werden.
Ein weiterer wichtiger Aspekt wirksamer Kontrolle ist die persönliche Vergewisserung vom Stand der Dinge. Selbstverständlich sind Berichte wichtig. Doch sind Zuverlässigkeit und Realitätstreue von Berichten immer eingeschränkt. Sie enthalten immer nur die Sicht des Berichterstatters und immer nur den Anteil, der überhaupt beschreibbar ist, nicht einmal den Anteil, der

---

[193] Malik01, Kontrollieren, S. 230
[194] Malik01, Kontrollieren, S. 234

wahrgenommen wurde. Insofern sollte man sich auf Berichte nicht verlassen, umso weniger, je heikler, neuer und erfolgskritischer eine Angelegenheit ist. Hier gilt es, an den Ort des Geschehens zu gehen und sich selbst zu vergewissern.
Kontrolle erfordert *Messen* und *Urteilen*. Kontrolle über Messung ist problemlos, erfordert aber zumindest eine sinnvolle Quantifizierung, die der Messung zugrunde gelegt wird. Kontrolle über Urteilen ist subjektiver. Es erfordert die Anwendung von Regeln und ein großes Maß an Erfahrung. Es bedeutet aber nicht Willkür und sollte dort angewandt werden, wo nicht gemessen werden kann.

3.4.5 Menschen entwickeln und fördern[195]

Menschen sind das Wichtigste in einer Organisation. Sie zu entwickeln und zu fördern gehört deshalb zu den erstrangigen Aufgaben eines jeden Managers. Im Grunde können sich Menschen wohl nur selbst entwickeln. Die Performer der Geschichte waren Selbstentwickler. Sie hatten Mentoren oder andere Menschen, welche sie anhielten, dort tätig zu sein, wo sie ihre Stärken hatten, und sie hatten Gönner oder Kunden, die ihnen die Gelegenheit boten, ihr Können unter Beweis zu stellen.

> "Vielleicht werden noch immer Mitarbeiter gesucht; kommen werden aber Menschen."[196]

Die Entwicklung von Menschen muss individuell geschehen. Man fördert keine Abstraktionen oder Durchschnitte, sondern Individuen. Man kann auch nicht beeinflussen, ob Menschen lernen. Sie tun es de facto immer im Rahmen ihrer Umgebung. Man kann höchstens beeinflussen, was sie lernen, und man kann beeinflussen, wie sie sich entwickeln. Dafür sollte man die *Aufgaben*, die vorhandenen *Stärken*, den *Vorgesetzten* und die *Platzierung* der Person beachten.

---

[195] Malik01, Menschen entwickeln und fördern, S. 242ff, weitere Einzelnachweise werden nur bei wörtlichen Zitaten aufgeführt

[196] Malik01, Menschen entwickeln und fördern, S. 243

"Menschen entwickeln sich mit und an ihren Aufgaben."[197]

Lernen erfolgt, unabhängig von den unterschiedlichen präferierten Wegen, am besten auf etwas Konkretes hin. Damit eine Aufgabe entwickelnd und fördernd wirkt, muss sie größer und schwieriger, umfassender und anspruchsvoller sein als die bisherige Aufgabe. Es sollte als Privileg oder Anerkennung verstanden werden, eine größere, anspruchsvollere Aufgabe übertragen zu bekommen. Gleichzeitig sollte die Entwicklung aber vom hierarchischen Aufstieg entkoppelt werden. Die Möglichkeit zur persönlichen Leistung und Verantwortung muss im Vordergrund stehen. Deshalb muss der individuelle Beitrag der Person klar herausgearbeitet werden.

Die Aufgabe sollte also eine Herausforderung für die Person sein. Sie sollte sich außerdem an den bereits vorhandenen Stärken der Person orientieren. Diese Stärken erkennt man an der Leistung und den Ergebnissen, die in den bisherigen Aufgaben erzielt wurden. Auch die Wahl des Vorgesetzten gilt es zu überlegen. Sie sollte sich danach orientieren, dass der Vorgesetzte als gutes Beispiel dienen kann, und zwar sowohl fachlich, als auch hinsichtlich der Aufgabenerfüllung und der Übernahme von Verantwortung. Der Vorgesetzte muss außerdem charakterlich integer sein. Zuletzt bleibt noch die Platzierung der Person zu überlegen. Diese steht in engem Zusammenhang mit der Aufgabe und den Stärken, orientiert sich aber an der Persönlichkeit und dem Temperament des Menschen. So kann ein Mensch eher Einzelgänger oder Teamspieler sein, eher detailverliebt oder eher konzeptionell orientiert sein; er kann eher Routinearbeiten mögen oder eher für einen hohen Innovationsgrad geeignet sein.

Lob als Instrument zur Förderung von Menschen sollte eher sparsam eingesetzt und vor Abnutzung geschützt werden. Mit Lob sollte man Maßstäbe setzen und Orientierung vermitteln, und es muss von jemandem kommen, der als Mensch und wegen seiner Leistung respektiert wird. Dann ist Lob als eines der stärksten Motivationsmittel einsetzbar.

---

[197] Malik01, Menschen entwickeln und fördern, S. 245

Kronprinzen zu etablieren untergräbt die Entwicklung und Förderung von Menschen. Es kann zu Resignation führen oder zu opportunistischem Verhalten oder sogar zu Aggressionen dem Kronprinzen gegenüber. Jeder muss zeigen können und aufgrund der Chancen auch zeigen wollen, was er kann. Aufgrund von vorhandenem Potenzial sollte sowieso keine Personalentscheidung getroffen werden. Zu achten ist auf die wirklich erbrachte Leistung.

Genauso wenig wie man Kronprinzen etablieren darf, darf es bevorzugte Klassen oder Gruppen geben. Nur Leistung und Ergebnisse dürfen zählen. Privilegierung bzw. die damit einhergehende Diskriminierung führt zur Wirkungslosigkeit von Personalentwicklungsmaßnahmen, zu Resignation, Aggression, innerer und auch äußerer Kündigung. Die Organisation muss für die Besten attraktiv sein.

3.4.6 Zusammenfassung: Und all die anderen Aufgaben?

Wie bei den Grundsätzen auch betont Malik, dass er einen minimalen Ansatz vertritt. Dies bedeutet, dass er den Kern, das verallgemeinerbare Minimum beschreibt, ohne welches gutes und richtiges Management nicht funktionieren kann. Er empfiehlt aber auch, nicht zu viele weitere Aufgaben hinzuzufügen. Es sollte immer nur eine begründete Notwendigkeit zu Ergänzungen führen. Viele der vermuteten weiteren Aufgaben sind in den bereits beschriebenen Aufgaben integriert, oder es handelt sich um spezielle Anwendungsfälle der Aufgaben. Andere sind eigentlich keine Managementaufgaben, sondern Sachaufgaben.

Einige Beispiele wären:

Planen als Interpretation der Aufgabe *für Ziele sorgen*.

Menschen befähigen und ermächtigen als Interpretation der Aufgabe Menschen entwickeln und fördern.

Marketing, Personalwesen, Logistik, Forschung etc. als Sachaufgaben.

Information und Kommunikation als Medien zur Erfüllung von Aufgaben.

3.5 Werkzeuge wirksamer Führung[198]

In gewisser Weise definiert die Beherrschung von Werkzeugen einen Beruf, sie ist aber nicht Sinn und Zweck des Berufes. Dieses Kapitel handelt davon, was man sich als Manager zum Werkzeug machen muss, um wirksam zu sein. Es handelt also von seinen Instrumenten. Sie sind so unspektakulär und profan, dass sie oft gar nicht als solche wahrgenommen werden. Ihre Beherrschung erfordert aber, wie bei allen Werkzeugen, andauerndes Training.
In den Arbeitsbedingungen der sogenannten Dienstleistungs-, Informations- und Wissensgesellschaft vervielfacht sich die Bedeutung der hier vorgeschlagenen Werkzeuge. Ihre Beherrschung erlaubt, ein hohes Maß an Arbeitsvolumen und Komplexität zu bewältigen.

3.5.1 Sitzung[199]

> "80 Prozent aller höheren Manager geben bei Befragungen an, über 60 Prozent ihrer Zeit in Sitzungen zuzubringen. Und 80 Prozent aller Manager geben an, dass 60 Prozent aller Sitzungen ineffizient und unproduktiv seien."[200]

Malik stellt Regeln vor, um Sitzungen produktiv zu machen und als wirksames Managementinstrument zu nutzen.
Die erste Verbesserung ist ganz schlicht das Streichen von Sitzungen. Eine Sitzung bedeutet, dass alle Beteiligten zum selben Zeitpunkt am selben Ort zusammenkommen müssen. Die Organisation wird dadurch ausgebremst, sie wird langsam und schwerfällig. Die Häufigkeit von Sitzungen ist begründet durch immer komplizierter werdende Organisationsstrukturen und immer mehr Arbeitsgruppen und Teamarbeit. Das immer stärker werdende Spezialistentum erfordert immer mehr Arbeitsgruppen. Leider ist aber nicht jede Gruppe auch ein gutes Team. Gute Teamarbeit bedeutet gute Zusammenarbeit, was eben nicht bedeutet, dass immer alle Teammitglieder gleichzeitig in

---

198 Malik01, Werkzeuge wirksamer Führung. Vorbemerkungen, S. 269ff, weitere Einzelnachweise werden nur bei wörtlichen Zitaten aufgeführt

199 Malik01, Die Sitzung, S. 272ff, weitere Einzelnachweise werden nur bei wörtlichen Zitaten aufgeführt

200 Malik01, Die Sitzung, S. 272

allen Sitzungen sein müssen. Umgekehrt: "Gute Teamarbeit ist durch die Minimierung des Sitzungsbedarfs charakterisiert."[201]
Die Minimierung von Sitzungen ermöglicht zeitlich auch die erfolgsentscheidende Vorbereitung und Nachbereitung. Das Vorbereitungsinstrument ist die Tagesordnung (*Agenda*). Sie wird mit den Sitzungsteilnehmern im Vorfeld abgestimmt. Die letztliche Festlegung erfolgt allerdings durch den Sitzungsleiter. Die Agenda sollte wenige, dafür wichtige Punkte enthalten. Für jeden der Tagesordnungspunkte erfolgen eine Zeitschätzung und die Zuordnung eines Verantwortlichen. Sitzungsleitung und inhaltliche Mitwirkung sollten dabei möglichst getrennt werden. Erforderliche Dokumente werden den Sitzungsteilnehmern lange genug im Voraus zugesandt, so dass für jene auch eine adäquate Vorbereitung möglich ist.
Die Sitzung selbst kann dann wirksam stattfinden. Das bedeutet, dass zu den Tagesordnungspunkten eine inhaltlich relevante Diskussion stattfinden kann, die eine Meinungsbildung und sich daraus ergebende Entscheidungen ermöglicht. Die Sitzungsleitung erfordert dabei Disziplin, Erfahrung, Courage und, wie alles andere auch, natürlich Übung. Der Zeitplan sollte mindestens näherungsweise eingehalten werden, die Gesprächsleitung sollte höflich, aber straff erfolgen, Wortmeldungen müssen lückenlos wahrgenommen werden und nicht zuletzt werden ausreichend Pausen benötigt.
Auch die kleine Ad-hoc-Sitzung sollte nicht völlig unvorbereitet stattfinden. Zwar braucht man keine formelle Tagesordnung, doch sollte man eine Reihe Fragen im Vorfeld einer solchen Sitzung immer stellen. Malik beschreibt sie beispielhaft so:

> "Sie wollen mich sprechen? Gut, in welcher Angelegenheit? Mit welchem Ziel? Was wollen wir nach dem Gespräch erreicht haben? Wie lange brauchen wir vermutlich dafür? Und wie muss ich mich vorbereiten?"[202]

Denn Sitzungen haben immer den Zweck, Resultate zu produzieren.

---

[201] Malik01, Die Sitzung, S. 274
[202] Malik01, Die Sitzung, S. 279

Die Resultate einer Sitzung, also die Beschlüsse, Maßnahmen, Verantwortlichen und Termine gehören in einem Protokoll festgehalten. Die Aufgabe des Sitzungsleiters ist es, nach jedem Tagesordnungspunkt Klarheit über die erforderlichen Maßnahmen zur Verwirklichung eines Beschluss zu schaffen. *Was? Wer? Bis Wann?* Diese Antworten werden dann festgeschrieben. Die Form des Protokolls ist dabei unwesentlich. Wesentlich ist der Inhalt und Konsens über diesen Inhalt. Der gefundene Konsens wird tragfähig sein, wenn bestehender Dissens zum Thema im Vorfeld vollständig ausgetragen wurde. Malik empfiehlt hier wiederholt ein gesundes Misstrauen gegenüber zu schnell gefundenem Konsens und warnt vor Verwechslung mit Harmoniestreben.

Und das Wichtigste: Andauerndes Nachfassen und Kontrollieren gehört zu jeder Maßnahme dazu, denn ohne ihre Realisierung nutzt die festgelegte Entscheidung nichts.

3.5.2 Bericht[203]

In diesem Kapitel geht es nicht nur um den Bericht im engeren Sinne, sondern um alles, was *Schriftform* hat.

Die Schriftform hat den Vorteil, dass sie zum Nachdenken zwingt. Aber auch wenn ein Verfasser es geschafft hat, seine Inhalte zu formulieren, fehlt meistens noch der letzte kleine Schritt zur Wirksamkeit. Dieser Schritt ist die empfängerorientierte Transformation der Inhalte. Der Text muss beim Empfänger die gewünschte Wirkung erzielen, "ihn zur Aktion veranlassen"[204]. So wird ein Text für einen Juristen anders aufbereitet werden müssen als für einen Ingenieur und wieder anders als für einen Finanzexperten. Das Fehlen dieses Schrittes ist der Grund, weshalb Kommunikation zum Problem wird. Gleichgültigkeit gegenüber dem Verständnis beim Empfänger sollte nicht toleriert werden.

---

203 Malik01, Die Sitzung, S. 288ff, weitere Einzelnachweise werden nur bei wörtlichen Zitaten aufgeführt

204 Malik01, Die Sitzung, S. 290

In heutigen Organisationen ist vieles so abstrakt und komplex, dass ein Verständnis rein auf der Basis der sinnlichen Wahrnehmung nicht mehr möglich ist. Um eine solche Wirklichkeit adäquat zu beschreiben, ist Klarheit, Prägnanz und Genauigkeit der Sprache unabdingbar.

Es haben sich allerdings einige Unsitten etabliert. Stichwörter sind zum Beispiel eine Unsitte, die im Zusammenhang mit Overhead-Projektionen aufgekommen ist. Das Problem ist, dass Stichwörter einen immensen Interpretationsspielraum haben. Dasselbe gilt im Grunde für Grafiken. Ein ganz konkretes Bild kann natürlich eine sehr hohe konkrete Aussagekraft haben. Aber abstrakte Illustrationen mit hoher Aussagekraft erfordern normalerweise spezielles Fachwissen zum Verständnis der Grafik. Andernfalls bleibt wieder Interpretationsspielraum. Auch das Format von Schriftstücken sollte berücksichtigt werden. So ist zum Beispiel das Querformat mit langen Zeilen wahrnehmungsphysiologisch und wahrnehmungspsychologisch ungeeignet. Unter der Voraussetzung, dass man an Wirksamkeit interessiert ist, sollte man bei der Gestaltung von Berichten derartige Unsitten vermeiden. Schriftstücke dienen der Erleichterung und Verbesserung von Kommunikation.

3.5.3 Job-Design und Assignment Control[205]

Mit Job-Design meint Malik die Gestaltung von Aufgaben und Stellen. Insbesondere für die sogenannten Kopfarbeiter (die in allen Wirtschaftsbereichen die größte Zuwachsrate haben, da Wissen immer mehr zum entscheidenden Rohstoff wird) ist fehlerhaftes oder schlechtes Job-Design der Hauptgrund für Demotivation und schlechte Produktivität.

> "Früher durfte man sich darauf verlassen, dass der Job den Menschen organisierte. Heute muss der Mensch den Job organisieren und gestalten."[206]

Der häufigste Fehler beim Job-Design ist der zu kleine Job. Menschen sollten zur Gänze gefordert werden, und das Job-Design ist das Werkzeug dafür. Leistung und ihre Resultate sind der größte Motivator. Ein zu großer Job wird

---

205 Malik01, Job-Design und Assignment Control, S. 298ff, weitere Einzelnachweise werden nur bei wörtlichen Zitaten aufgeführt

206 Malik01, Job-Design und Assignment Control, S. 298

selten gestaltet, und selbst wenn, so lässt sich dieser Fehler schnell erkennen und korrigieren.
Jobs sollten auch immer so gestaltet sein, dass eine klare und sichtbare Verantwortung gegeben ist. Malik spricht von Schein-Job oder Non-Job, wenn großer Einfluss gekoppelt ist mit einem weitgehenden Mangel an Verantwortung. Insbesondere bei Assistenten-, Koordinatoren- und Stabsstellen in Großorganisationen sind diese Jobs anzutreffen. Die Kombination von Einfluss ohne Verantwortung ist eine fast unwiderstehliche Versuchung zur Machtausübung und korrumpiert die Menschen und letztlich die Organisation.
Malik stellt außerdem eine weitere wichtige Regel auf.

> "Eine Aufgabe sollte von einer Person und ihrer direkten Organisationseinheit erledigt werden können. [...] Was immer getrennt gehalten werden kann, sollte separiert bleiben."[207]

Es geht darum zu vermeiden, dass immer mehrere Personen benötigt werden, um eine Aufgabe zu erledigen. Die Notwendigkeit von Kooperation und Koordination sollte minimal gehalten werden.
Genauso gilt es, den Grundsatz der Konzentration auf Weniges auch bei der Stellengestaltung zu berücksichtigen. Jobs sollten den Mitarbeiter nicht in die Verzettelung und Zersplitterung ihrer Kräfte zwingen, sondern die Fokussierung ermöglichen. Dann wird nicht nur gearbeitet, sondern es können auch Resultate erzielt werden. Auch Jobs mit gänzlich verschiedenen Aufgaben sollten vermieden werden. Derartige Zusammenstellungen, denen kein normaler Mensch gewachsen ist, lassen sich bei Stellen vermuten, auf denen nacheinander bereits zwei oder drei an sich gute und sorgfältig ausgewählte Personen verschlissen wurden.
Mit Assignment Control meint Malik die Steuerung des Einsatzes von Menschen. Es geht hierbei um Effektivität, also darum, dass die Menschen die richtigen Dinge tun. Während die Stelle das allgemeine Aufgabenpaket beschreibt, geht es beim Assignment um den konkreten, prioritären Auftrag.

---

[207] Malik01, Job-Design und Assignment Control, S. 301

Den meisten Menschen muss man die Prioritäten bewusst machen und sie darauf fokussieren, selten werden sie von alleine gesehen. Sind die Prioritäten klar, so muss noch dafür gesorgt werden, dass der Mitarbeiter seine Kräfte und Fähigkeiten auch ungeteilt und ungestört darauf konzentrieren kann.

Praktisch bedeutet dies: Die Organisation muss zunächst wenige Schwerpunkte für die kommende Periode festlegen und schriftlich fixieren. Diese Schwerpunkte basieren auf der langfristigen Ausrichtung des Unternehmens. Sie müssen klar kommuniziert werden, idealerweise direkt an alle Mitarbeiter. Die Mitarbeiter erarbeiten auf dieser Grundlage und auf Basis ihrer jeweiligen Stelle die eigenen Tätigkeitsschwerpunkte für die kommende Periode. Gemeinsam mit dem Vorgesetzten werden die konkreten Einsätze geplant und festgehalten. Dieses Assignment, also der Auftrag, muss klar und präzise formuliert sein, Details sollten dann eigentlich nicht notwendig sein.

Das Control Element des Assignment Control bedeutet, regelmäßig persönlich zum Mitarbeiter hinzugehen und zu schauen, ob dieser auch tatsächlich an seinen Prioritäten arbeitet bzw. arbeiten kann.

3.5.4 Persönliche Arbeitsmethodik[208]

Die persönliche Arbeitsmethodik ist der Kern von Selbstmanagement. Je stärker die Wissensgesellschaft mit ihrem hohen Abstraktionsgrad Realität wird, umso wichtiger wird sie. Ohne gute Arbeitsmethodik sind Ausbildung, Erfahrung, Intelligenz, Fähigkeiten und Talente wertlos. Diese Potenziale bleiben dann ungenutzt. Systematisches, methodisches und diszipliniertes Arbeiten hingegen kann die vorhandenen Fähigkeiten und Talente in Ergebnisse und Erfolge transformieren. Die Arbeitsmethodik ist allerdings immer persönlich und insofern nicht zu verallgemeinern. Sie ist eine individuelle Kombination von Methoden und Techniken. Verallgemeinern lässt sich die Forderung nach überhaupt einer wirksamen Arbeitsmethodik, und verallgemeinern lassen sich die erkennbaren Einflussfaktoren, die zu den Verschie-

---

[208] Malik01, Persönliche Arbeitsmethodik, S. 315ff, weitere Einzelnachweise werden nur bei wörtlichen Zitaten aufgeführt

denartigkeiten der Situationen führen: *die Tätigkeit, die Stellung, das Alter, der Reisebedarf, die Organisation, der Chef, die Branchen.*
Es ist davon auszugehen, dass Änderungen im Laufe der Zeit ein Überdenken der persönlichen Arbeitsmethodik notwendig machen. Malik empfiehlt dies regelmäßig alle drei Jahre zu tun sowie bei bestimmten Änderungen, wie der Übernahme einer neuen Aufgabe, einer Beförderung, einem neuen Chef und allgemein bei wesentlichen Änderungen der Situation. Dies bezieht die persönliche Situation mit ein, denn sie muss in die Arbeitsmethodik integriert werden, damit sie gut funktionieren kann. "Don't work harder; work smarter"[209] lautet die Devise. Sie erlaubt, mehr zu leisten, größere Aufgaben zu übernehmen und diese besser zu bewältigen. Das Experimentieren mit der eigenen Arbeitsweise und Neues zu versuchen, ermöglicht neue Erfolge.
Die persönliche Arbeitsmethodik sollte gewisse grundlegende Bereiche abdecken, die Malik explizit aufzählt.

"Nutzung der Zeit"[210]

Das Jahr hat 8.760 Stunden, abzüglich acht Stunden Schlaf täglich verbleiben *5.800 Stunden*, die man zur Verfügung hat. Dies bedeutet nicht, dass man die ganze Zeit zum Arbeiten nutzen sollte, sondern es gilt, bewusst und überlegt zu entscheiden, wie viel Zeit man für seinen Beruf nutzen möchte, wie viel für die Familie, für sich selbst, für seine Interessengebiete, für die Regeneration. Man läuft sonst Gefahr von den Umständen getrieben oder sogar gehetzt zu werden. Die Instrumente hierfür sind die Agenda und der Kalender. Die wichtigsten Eckwerte sollten zwei oder drei Jahre im Voraus als grobe Strukturierung des Kalenders festgelegt werden. Wichtig ist die langfristige Perspektive. Die Verbesserung der Zeitnutzung sollte am besten mit der Frage beginnen, was man nicht mehr tun sollte.

---

209 Malik01, Persönliche Arbeitsmethodik, S. 322
210 Malik01, Persönliche Arbeitsmethodik, S. 323

"Die Verarbeitung von Inputs"[211]

Die schiere Menge an Input, die auf eine Führungskraft andauernd zukommt, erfordert eine methodische Verarbeitung, um wirksam sein zu können. Notwendiges oder Überflüssiges, Interessantes oder Uninteressantes, Wichtiges oder Unwichtiges müssen irgendwie verarbeitet werden. Malik empfiehlt, die Verarbeitung mit kategorisierenden Fragen zu beginnen: *Was muss man selbst erledigen? Was will man erledigen lassen? Was muss sofort erledigt werden? Was hat oder braucht Zeit?* Die Unterscheidung von Wichtigem und Dringlichem sowie die Kunst des Delegierens stecken in den Antworten.

"Umgang mit Kommunikationstechnik: Telefon, Fax, E-Mail"[212]

Das Telefon steht an oberster Stelle unter den kommunikationstechnischen Mitteln und wird trotz aller Neuerungen noch lange wichtig bleiben. Sein Gebrauch sollte gut überlegt werden. So stellt sich immer erst einmal die Frage, ob das Telefon tatsächlich das richtige Kommunikationsmittel für den angestrebten Zweck ist. Sollte dies bejaht werden, so muss ein Telefonat vorbereitet werden, um auf das Thema zu fokussieren (das Telefon verleitet zu Weitschweifigkeit und mangelnder Präzision). Die Telefonate, welche man aktiv zu führen plant, sollte man nicht über den ganzen Tag verteilen, sondern täglich in einen Block einplanen.

"Die Erstellung von Schriftstücken"[213]

Führungskräfte müssen in der Regel nicht nur viel lesen, sondern auch viel schreiben. Unabhängig von der Form der zu erstellenden Schriftstücke (Papier/digital) sollte deshalb der Einsatz von elektronischen Hilfsmitteln zur Textverarbeitung und Nutzung des Diktiergeräts überlegt werden. Elektronische Textverarbeitung ist dem handschriftlichen Text vorzuziehen und das Diktiergerät ist dem Selbsttippen seitens der Führungskraft vorzuziehen. Es

---

211 Malik01, Persönliche Arbeitsmethodik, S. 325
212 Malik01, Persönliche Arbeitsmethodik, S. 326
213 Malik01, Persönliche Arbeitsmethodik, S. 327

geht bei dieser Reihenfolge darum, Aufwand und Dauer der Textverarbeitung insbesondere für die Führungskraft zu minimieren.

"Pendenzen und Termine"[214]

Die Einhaltung von Terminen und die termingerechte Erledigung anhängiger Arbeiten sollten perfekt systematisiert werden. Respekt, Glaubwürdigkeit und Wirksamkeit gehen durch Schlampigkeit im Umgang mit Terminen und anhängigen Arbeiten ganz schnell verloren. Ein undurchlässiges Wiedervorlagesystem sollte gewährleisten, dass nichts vergessen wird und dass das Nachfassen in unerledigten Angelegenheiten adäquat durchgeführt wird.

"Das Memory-System"[215]

Hiermit meint Malik ein System, welches es erlaubt, sich in der Vielfalt der verschiedenartigen Themen langfristig zurechtzufinden. Es geht also nicht nur um die Ablage, sondern insbesondere um das Wiederfinden von Informationen in der Ablage, und zwar auch nach Jahren und in völlig anderem Kontext als bei der Erstellung. In diesem Sinne ist also Wissensmanagement oder besser Informationsmanagement gemeint.

"Die Routinisierung von Abläufen – ein Lob der Checkliste"[216]

Produktivität und Funktionssicherheit werden durch Routine unterstützt. Arbeiten, die zwar immer wieder, aber nur in größeren Zeitabständen durchgeführt werden, führen nicht zur Routine. Routine würde aber zu deutlich höherer Effizienz führen, insbesondere wenn die Tätigkeit auch noch hohe Professionalität erfordert. Die Checkliste ist das Instrument, um derartige Abläufe souverän und stressfrei zu managen.

[214] Malik01, Persönliche Arbeitsmethodik, S. 328
[215] Malik01, Persönliche Arbeitsmethodik, S. 329
[216] Malik01, Persönliche Arbeitsmethodik, S. 330

"Ein System zur Beziehungspflege"[217]

Erfahrungen und Beziehungen sind ein wertvolles Kapital von Managern. Beziehungen müssen aber aktiv gepflegt werden. Sie nur zu nutzen, wenn sie benötigt werden, ist keine nachhaltige Beziehungspflege. Ein System ist also angebracht, um Informationen bezüglich der Kontakte zu verwalten und Unterstützung für die aktive Beziehungspflege zu erhalten.

"Einsatz der Sekretärin"[218]

Der Einsatz der Sekretärin ist sichtbar im Rückgang begriffen. Viele Manager haben mittlerweile keine Sekretärin mehr, was Malik nur dann als gerechtfertigt betrachtet, wenn der Manager eigentlich ein als Manager getarnter Sachbearbeiter ist. Die Sekretärin ist für Manager von unschätzbarem Wert, wenn sie richtig eingesetzt wird, nämlich als Assistenz. So kann sie die Leistung des Managers und seine Wirkung vervielfachen.

3.5.5 Budget und Budgetierung[219]

Die Anwendung des Budgets als Managementwerkzeug erfordert Kenntnisse betriebswirtschaftlicher Begriffe, Sachverhalte und Zusammenhänge. Diese fehlen Managern leider oft, außer bei Experten im Finanz- und Rechnungswesen. Ordnung und Übersicht in den Zahlen und ein funktionierendes Rechnungswesen sowie aussagefähige, transparente Budgets sollten als Instrumente dienen, das Handeln in der Organisation zu leiten. Peter Drucker hat das Budget schon immer als Werkzeug des Managements verstanden und nicht als Instrument des Finanz- und Rechnungswesens.
Jede bei Malik sogenannte *ergebnisverantwortliche Einheit* benötigt ein eigenes Budget. Es ist dienlich, um die gesamte Planung und Arbeit zu organisieren. Der Einsatz der Schlüsselressourcen, insbesondere der Menschen, kann hiermit produktiv gemacht werden. Die Tätigkeiten eines Bereiches und

---

217 Malik01, Persönliche Arbeitsmethodik, S. 331

218 Malik01, Persönliche Arbeitsmethodik, S. 332

219 Malik01, Budget und Budgetierung, S. 334ff, weitere Einzelnachweise werden nur bei wörtlichen Zitaten aufgeführt

die verschiedenen Bereiche des Unternehmens untereinander können vorausplanend koordiniert werden und das Personal der Bereiche wird in die Gesamtorganisation integriert. Des Weiteren erlaubt das Budget zu erkennen, ob Pläne revidiert werden müssen und inwieweit sich Umstände und Annahmen, auf denen es aufbaut, geändert haben.

Ein Budget soll nicht einfach Daten enthalten, sondern Informationen. Dies bedeutet, dass die wichtigsten Positionen bereits bei der Erstellung immer Vergleiche und Differenzen ausweisen. Im Wesentlichen geht es dabei um Vergleiche zu Vorperioden, zu Ergebnissen, zu vergleichbaren anderen Unternehmensteilen, zu Benchmarks und zu anderen Budgetpositionen. Zahlen und Ziffern sind immer interpretationsbedürftig, weshalb Kommentare und Erläuterungen, am besten schriftlich, notwendig sind. Neben den negativen Differenzen sollte man dabei die positiven nicht vergessen. Diese sind ein Signal für eine besondere Chance, eine besondere Stärke. Dort lohnt es sich meistens, Aufwand und Anstrengung zu verstärken, da in der Regel mit überproportionalen Ergebnissen gerechnet werden kann. Außerdem muss jedes Budget strukturelle Informationen enthalten. Diese können prozentuale Relationen der Budgetpositionen untereinander sein, gleitende Durchschnitte, Indexzahlen und anderes. Es geht darum, aus den Daten ein Muster zu extrahieren bzw. erkennen zu lassen. Muster liefern Informationen, wie man aus den Forschungsbereichen Wahrnehmungspsychologie und Gehirnphysiologie weiß. So sollten auch die Standardzielfelder eines Unternehmens (Marktstellung, Innovationsleistung, Produktivitäten, Humanressourcen, Liquidität, Profitabilität) mit Kennziffern belegt werden und diese Kennziffern sollten budgetiert werden.

Das Budget sollte also ein Planungswerkzeug sein, eine Willensbekundung. Es darf keine Hochrechnung der Vergangenheit sein, sondern muss die Frage beantworten, was in der unmittelbar nächsten Periode zu tun ist, um die Absichten zu verwirklichen. Geldgrößen sind hierbei die Kurzschrift für reale Größen und mengenmäßige Beziehungen. Bei wirksamen Korrekturen müssen die Beziehungen verändert werden, nicht allein die Geldgröße. Die wichtigste Funktion des Budgets ist nicht die Kostenkontrolle, sondern das

Durchdenken von Kostenentstehung, Kostenverursachung und Kostengestaltung sowie die Steuerung des Ressourceneinsatzes und somit der Prioritäten der Organisation.

Malik empfiehlt weiterhin situativ bedingt verschiedene Budgets. So sollte von Zeit zu Zeit ein Budget von Grund auf neu erstellt werden, frei von bisherigen Zwängen, Gewohnheiten und Gegebenheiten (*Zero-Base-Budgeting*). Es kann auch sehr sinnvoll sein, ein Budget für die gesamte Lebensdauer eines Systems zu erstellen (statt jährlich). Dieses enthält dann Wartung, Instandhaltung, Ersatzteile, Personaltrainings, das Personal selbst, also alles bis einschließlich der Verschrottung (*Life-Cycle-Budgeting*). Auch wird für das laufende bestehende Geschäft ein anderes Budget (*Operating-Budget*) benötigt als für Innovationen (*Innovations-Budge*t). Das Operating-Budget folgt der Frage nach dem minimal benötigten Ressourceneinsatz, um das Geschäft erfolgreich weiterzuführen. Das Innovations-Budget folgt der Frage nach dem maximal möglichen Ressourceneinsatz für einen durchschlagenden Erfolg. Es sollte auch unbedingt dem Grundsatz der Konzentration auf Weniges folgen. Diesem Grundsatz soll natürlich auch das Budget selbst folgen. Insofern kann es sinnvoll sein, sich auf die 10 bis 20 Prozent wirklich erfolgsentscheidender Positionen zu beschränken (*Critical-Items-Budget*). Immer und unter allen Umständen sollte auch ein *Worst-Case-Budget* erstellt werden. Dieses führt nicht nur zu einer gewissen Vorsorge, sondern insbesondere zum Erkennen und Schaffen von Flexibilität, um ausreichend Handlungsoptionen zu haben. Die inneren Zusammenhänge und Abhängigkeiten werden bei dieser Gelegenheit gründlich durchdacht.

Für alle Budgets gilt, dass es einen Verantwortlichen geben muss. Leistung wird letztlich nur von den Menschen im Unternehmen erbracht. Anhand der Stärken dieser Individuen müssen sich die Aufgaben, also der Job, ableiten und schließlich Budgets (bzw. einzelne Positionen) zugeordnet werden. Für alle Budgets gilt auch, dass die dahinter stehenden Annahmen, Überlegungen und Begriffe sauber und präzise dokumentiert werden. Eine sinnvolle Kontrolle kann sonst gar nicht möglich sein.

3.5.6 Leistungsbeurteilung[220]

Viele Manager scheinen zur Leistungsbeurteilung ein gestörtes Verhältnis zu haben. Bei genauerem Hinsehen wird allerdings erkennbar, dass es lediglich die Leistungsbeurteilungssysteme sind, nicht die Leistungsbeurteilung als solche, die abgelehnt wird. Die aktuell verwendeten Systeme haben ihre Wurzeln im Wesentlichen in der klinischen Psychologie, also dem medizinischen Bereich, in welchem bekanntermaßen das Auffinden von Problemen zur Diagnosestellung an zentraler Stelle steht. Insofern sind sie nicht geeignet als Unterstützung für die Beurteilung von Mitarbeitern. Manager sollten ja, wie bereits ausgeführt, auf die Stärken achten, nicht die Probleme suchen. Außerdem ist die Beziehung der Manager auf Dauer und Kontinuität ausgelegt, nicht auf Defizitbeseitigung und Beendigung (Heilung), wie im medizinischen Bereich.

Allgemeine Leistungsbeurteilungssysteme arbeiten außerdem zwangsläufig mit Standardkriterien. Standardkriterien und die damit einhergehenden Standardprofile können aber den Menschen in ihrer tatsächlichen Tätigkeit kaum gerecht werden. Da standardisierte Bewertungskriterien nichts wirklich Wesentliches über die tatsächliche Leistung eines Menschen aussagen können, wird die Beurteilung sich in der Regel zwangsläufig im Mittelfeld bewegen. Die Führungskraft wird auf diese Weise jegliche Probleme (Begründungen, Beförderungsforderungen etc.) vermeiden, zumal sich aus den vorgegebenen Kriterien sowieso selten ein Grund ergeben wird, anders als mittelmäßig zu beurteilen. Anstelle der Standardisierung muss die Frage also lauten:

> "Was braucht man auf dieser speziellen, konkreten Position in diesem konkreten Unternehmen und in dieser konkreten Situation?"[221]

Die Stärken eines Menschen lassen sich, wie gesagt, anhand seiner bisher erbrachten Leistung erkennen. Das beste Hilfsmittel hierzu ist ein leeres

---

[220] Malik01, Leistungsbeurteilung, S. 348ff, weitere Einzelnachweise werden nur bei wörtlichen Zitaten aufgeführt

[221] Malik01, Leistungsbeurteilung, S. 350

Blatt, buchstäblich gemeint. Dieses zwingt zum Nachdenken über die zu beurteilende Person, während das Abhaken von Standardkriterien ein solches Nachdenken regelrecht verhindert. Die Leistungsbeurteilung sollte zum einen anhand zuvor vereinbarter Ziele erfolgen, zum anderen sollte sie die individuellen Stärken und Schwächen der Person umfassen. Hilfreiche Fragestellungen formuliert Malik so:

> "Was kann diese Person besonders gut und was kann sie nicht? Woran konnte man das sehen und wie begründe ich es? Gibt es latente Stärken, die erst ansatzweise erkennbar sind oder sich eigentlich nur vermuten lassen, die man aber etwas genauer überprüfen sollte? Und wie etwa müssten die Aufgaben beschaffen sein, um die Vermutungen zu bestärken oder zu widerlegen?"[222]

Neben Klarheit über Ziel und Zweck der Leistungsbeurteilung ist also auch Urteilsvermögen seitens des Beurteilenden notwendig, da genau dieses Beurteilen nicht durch eine (sinnentleerende) Formalisierung ersetzt wird.
Bei den sogenannten Könnern, denen man eine besondere Menschenkenntnis oder ein besonderes Gespür bei der Auswahl ihres Personals nachsagt, lässt sich erkennen, dass sie mit besonderer Sorgfalt an die Beurteilung der Menschen herangehen, mit denen sie zusammenarbeiten. Sie pflegen Aufzeichnungen, in denen sie alles festhalten, was ihnen auffällt, und zwar immer dann, wenn es ihnen auffällt. Es handelt sich dabei für sich genommen um kleine und bedeutungslose Ereignisse, die aber im Kontext als *kritische Ereignisse* zu betrachten sind, weil sie darüber Aufschluss geben, wie ein Mensch wirklich ist. Außerdem stellen diese Könner sich mit großer Gewissenhaftigkeit immer wieder neu die Frage, worauf es bei einer bestimmten Aufgabe wirklich ankommt, und sie haben ein klares Verständnis davon, was als Assignment oder Auftrag bezeichnet werden kann. Sie orientieren sich an den Stärken der Menschen, um sie richtig zu platzieren, und sind nicht an Verallgemeinerungen interessiert, sondern an der Individualität der konkreten Personen. Ihr Können resultiert also nicht auf einer geheimnisvollen Befähigung zum Erkennen anderer Menschen auf den ersten Blick. Es resultiert

[222] Malik01, Leistungsbeurteilung, S. 353

vielmehr aus der über viele Jahre geschulten und immer wieder hinterfragten und geschärften Beobachtung.
Malik streift noch die Frage der Legitimität von Leistungsbeurteilungen, insbesondere bei Personen, die nicht beurteilt werden wollen. Seine Sicht ist, dass der Grund dafür in der Regel schlechte Leistung ist. Er hält es für wichtig, Erfolg und Misserfolg, das Erreichen und Verfehlen von Zielen und die Möglichkeit von Leistungsverbesserung eindeutig zu erfahren.

> "Die richtigen Leute wollen wissen, wo sie stehen; nur solche können in Organisationen gebraucht werden."[223]

3.5.7 Systematische Müllabfuhr[224]

So wie jeder Organismus Mechanismen der Müllabfuhr hat (Niere, Darm, Haut), ohne die sein Überleben nicht möglich wäre, benötigen auch Organisationen eine Art der Müllentsorgung. Malik spricht hierfür explizit von dem Werkzeug *systematische Müllabfuhr*, welches er für jede Organisation empfiehlt. Die Methode ist einfach und spiegelt sich in der Leitfrage "Was von all dem, was wir heute tun, würden wir nicht mehr neu beginnen, wenn wir es nicht schon täten?"[225]. Nach dieser Frage geht es nicht mehr darum, ob man sich von diesen Dingen trennen sollte, sondern nur noch darum, wie rasch man sich von diesen Dingen trennen kann.
Diese Frage sollte für konkrete Abläufe wie Verwaltung, Computerprogramme, Formulare etc. einmal im Jahr, für Bereiche wie Produkte, Märkte, Kunden und Technologien mindestens alle drei Jahre gestellt werden. Sie sollte auch für jede einzelne Führungskraft, ihre Abteilung und sich selbst, zum selbstverständlichen und routinemäßigen Werkzeug gehören.
Die systematische Müllabfuhr ist der Schlüssel zur richtigen Art des *Business Process Redesign*, zu effektivem *Management of Change* und zur wirksamen Definition der *Business Mission*. Beim richtigen Business Process Redesign

---

[223] Malik01, Leistungsbeurteilung, S. 358
[224] Malik01, Systematische Müllabfuhr, S. 359ff, weitere Einzelnachweise werden nur bei wörtlichen Zitaten aufgeführt
[225] Malik01, Systematische Müllabfuhr, S. 360

geht es nicht darum, einfach alles besser, billiger, sparsamer und schneller zu machen, sondern vor allem darum, die überflüssigen Dinge gar nicht mehr zu tun. Genauso geht es bei wirksamem Management of Change nicht darum, Dinge zusätzlich zu tun, sondern darum, stattdessen die *richtigen Dinge* zu tun. "Stop doing the wrong things!"[226] ist die Devise, mit der Veränderungen am besten realisiert werden können. Und letztlich müssen alle Funktionen einer Organisation immer wieder im Lichte des grundsätzlichen Hauptzwecks der Organisation in Frage gestellt werden.

Ein Mittel, um die Umsetzung zu garantieren, ist es, auf allen Ebenen feste Termine einzurichten, an denen die systematische Müllabfuhr durchgeführt wird.

3.5.8 Zusammenfassung: Prüfstein für Professionalität[227]

Die Beherrschung der besprochenen Werkzeuge bezeichnet Malik als Prüfstein der handwerklichen Professionalität einer Führungskraft. Sie ermöglichen *Effizienz*, während die Grundsätze und Aufgaben der *Effektivität* dienen. Der professionelle Gebrauch der Werkzeuge wird es ermöglichen, immer größere, schwierigere und komplexere Aufgaben zu erfüllen, ohne ausufernden Stress zu erleben. Ein typisches Zeugnis handwerklicher Professionalität hört sich zum Beispiel wie folgt an:

> "Stress? Ich habe viel zu tun, aber Stress habe ich nicht..."[228]

3.6 Richtiges Management verstehen und richtig anwenden[229]

Malik bezeichnet sein Verständnis von *richtigem* und *gutem*, alternativ *effektivem* und *effizientem* oder, einfacher gesagt, *wirksamem* Management als hinreichend.

> "Mehr braucht man nicht und weniger reicht nicht."[230]

---

226 Malik01, Systematische Müllabfuhr, S. 363

227 Malik01, Zusammenfassung: Prüfstein für Professionalität, S. 367ff weitere Einzelnachweise werden nur bei wörtlichen Zitaten aufgeführt

228 Malik01, Zusammenfassung: Prüfstein für Professionalität, S. 368

229 Malik01, Richtiges Management verstehen und richtig anwenden, S. 374ff, weitere Einzelnachweise werden nur bei wörtlichen Zitaten aufgeführt

Dabei bezeichnet er die Logik seines Konzeptes als die eines funktionierenden Systems. Die klar definierten Elemente sind durch die notwendigen Funktionen vorgeschrieben, die sich aus der Natur komplexer Systeme ergeben. Die kybernetischen Funktionsgesetze, auf denen sein Modell basiert, gelten in der Wirtschaft genauso wie anderswo. Sie sind, genauso wie das abgeleitete Managementmodell, generell gültig und anwendbar. Wenn die *Strukturlogik* also stimmt, hängt die Richtigkeit von Management noch vom Inhalt ab. Genau diesen Inhalt versucht Malik mit dem hier referenzierten Buch "Führen Leisten Leben"[231] zu vermitteln. Das Management bleibt dabei wie gesagt immer gleich, die Sachaufgaben hingegen, auf die das Management angewandt wird, können völlig unterschiedlich sein. Genauso ist der Schwierigkeitsgrad, also der erforderliche Grad der Beherrschung, ganz unterschiedlich. So sind die Anforderungen für wirksames Management von Innovationen besonders hoch. Die invariante Sicht des Managements fasst Malik in seinem *Führungsrad* zusammen.

---

[230] Malik01, Richtiges Management verstehen und richtig anwenden, S. 374
[231] Malik01, siehe Literaturverzeichnis

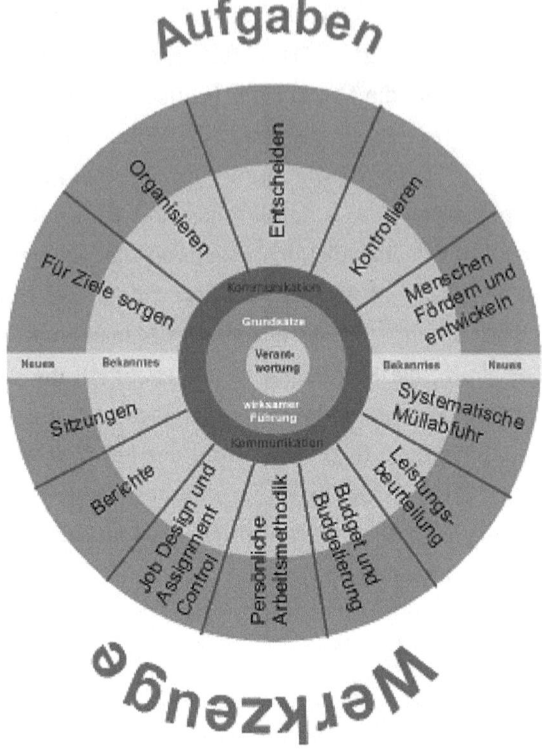

Abbildung 4: Führungsrad (in Anlehnung an Malik)

Betrachtet man das Führungsrad im Kontext seiner Anwendungsfelder, nämlich Selbstmanagement, Management des Chefs, der Kollegen, der Mitarbeiter und der Außenwelt, und betrachtet man hierbei die entstehenden wechselseitigen Wirkungen, so sieht man die entstehende Selbstorganisation im System.

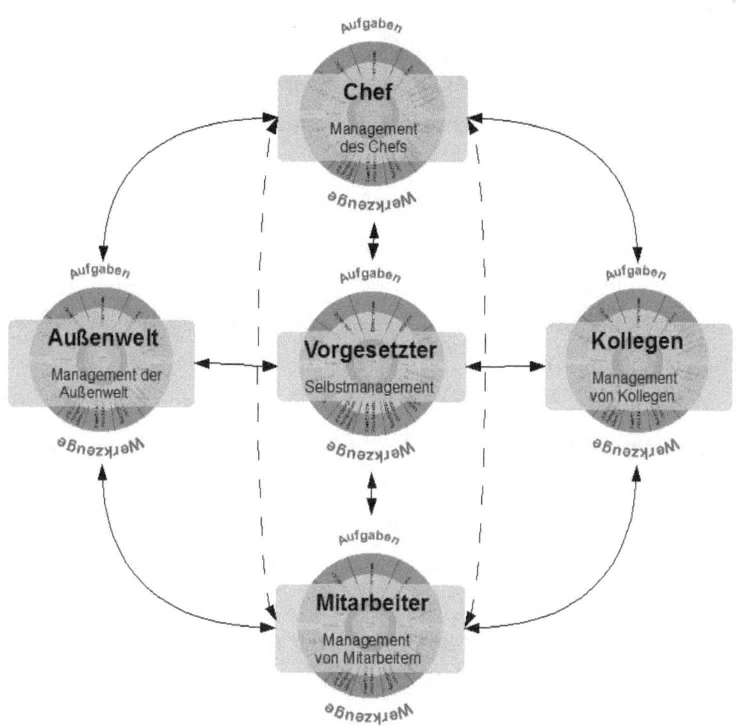

Abbildung 5: Das Führungsrad und seine Wechselwirkungen (in Anlehnung an Malik)

Die nächste logische Anwendungsebene ergibt sich dann von alleine, unter Einbeziehung der verschieden Branchen der Wirtschaft und der verschiedenen Segmente der Gesellschaft[232].

3.7 Wissenschaftliche Hintergründe

3.7.1 Wissenschaftliche Ahnen

Fredmund Malik ist selbst ein Wissenschaftler. Sein Forschungsschwerpunkt ist die Managementlehre. Er verwendet systemtheoretische und kyberneti-

232 Vgl. Malik01, Richtiges und gutes Management – für eine lebenswerte Gesellschaft, S. 387

sche Ansätze zur Analyse und Gestaltung von Managementsystemen und ist maßgeblich beeinflusst von Kybernetikern wie Norbert Wiener, Heinz von Foerster und Stafford Beer. Peter Drucker, einer der Avantgardisten der Managementlehre, und Philosophen wie Karl Popper sind weitere maßgebliche Einflussfaktoren.[233]

Norbert Wiener war ein US-amerikanischer Mathematiker. Er ist als Begründer der Kybernetik bekannt. Deren Geburtsstunde lag im Jahr 1943. Es sollte eine Einheit von Problemen aus dem Gebiet der Regelungen und der statistischen Mechanik betrachtet werden, wie sie sowohl in technischen Systemen als auch bei lebenden Organismen von Bedeutung war.[234]

Heinz von Foerster war ein österreichischer Physiker, Professor für Biophysik und langjähriger Direktor des *Biological Computer Laboratory in Illinois*. Er gilt als Mitbegründer der kybernetischen Wissenschaft. [235]

Malik referenziert in seinem Buch "Führen Leisten Leben" im Vorwort[236] insbesondere Hans Ulrich, Peter Drucker und Stafford Beer als tragende Einflussgrößen.

Hans Ulrich war von 1954 bis 1985 ordentlicher Professor an der Hochschule St. Gallen. Sein Verdienst ist es, klar zwischen Betriebswirtschaftslehre und Managementlehre zu unterscheiden. Er begründete seine Managementlehre auf systemtheoretischen und kybernetischen Überlegungen.[237] Malik arbeitete jahrelang in St. Gallen mit Hans Ulrich zusammen. [238]

Peter Ferdinand Drucker gilt als Pionier der modernen Managementlehre. Er formulierte 1954 das *Management by Objectives* (MbO) oder *Führen durch Zielvereinbarung*, eine heute weit verbreitete Methode zur Mitarbeiterführung und Entwicklung von Eigeninitiative. Drucker hielt Marketing und Innovationen für bedeutsamere Schlüssel zum Unternehmenserfolg als Profit-

233 Vgl. Wiki_Malik, gelesen am 28.04.2011

234 Vgl. Wiki_Wiener, gelesen am 16.10.2011

235 Vgl. Wiki_Foerster, gelesen am 16.10.2011

236 Malik01, Vorwort zur Neuausgabe, S. 11ff

237 Vgl. Wiki_Ulrich, gelesen am 16.10.2011

238 Vgl. Wiki_Malik, gelesen am 28.04.2011

streben und setzte ferner auf motivierte Mitarbeiter im künftigen Wettbewerb der Unternehmen.[239]
Peter Drucker erklärte 2004 gegenüber dem Manager Magazin:

> "Fredmund Malik has become the leading analyst of, and expert on, Management in Europe as it has emerged in the last years – and a powerful force in shaping it as a consultant. He is a commanding figure – in theory as well as in the practice of Management."[240]

Anthony Stafford Beer ist der Begründer der Managementkybernetik und des Viable System Model (VSM). Er definierte Kybernetik in seinem Buch "Kybernetik und Management" als die Wissenschaft von der effektiven Organisation. Im deutschen Sprachraum wurde seine Arbeit vor allem als Basis für das St. Gallener Managementmodell genommen.[241]

3.7.2 Kybernetische Basis

Maliks Buch "Strategie des Managements komplexer Systeme" ist die Erweiterung seiner Habilitationsschrift. In jenem Buch finden sich seine eigenen kybernetischen Wurzeln, auf denen Elemente der später folgenden Schriften basieren. Diese Wurzeln und insbesondere das dort aufgeführte sogenannte *lebensfähige System* von Stafford Beer sind auch für die Betrachtung von Scrum als systemische Methodik interessant.
Zum besseren Verständnis der weiteren Ausführungen sei hier ein kleines *Kybernetik-Glossar* eingefügt:

Managementkybernetik[242]
Die Managementkybernetik wendet die Kybernetik für das Management komplexer Organisationen an. Ihr Begründer ist Stafford Beer, der in den späten 1950er Jahren die Grundlagen legte.

---

239 Vgl. Wiki_Drucker, gelesen am 28.04.2011
240 Wiki_Malik, Leben, gelesen am 28.04.2011
241 Vgl. Wiki_Beer, gelesen am 16.10.2011
242 Vgl. Wiki_Managementkybernetik, gelesen am 19.06.2011

Komplexität[243]

Komplexität spiegelt sich in der Vielzahl beteiligter Elemente, ihrer Anzahl und Art gegenseitiger Verknüpfungen und der Nicht-Determinierbarkeit des Verhaltens eines Systems.

Selbstähnlichkeit[244]

Selbstähnlichkeit beschreibt rekursive Strukturen. Also Strukturen, die sich verschachtelnd wiederholen, so dass die Gesamtstruktur durch die Struktur seiner Elemente beschrieben wird. Die Struktur definiert sich also durch seine Elementarstruktur. Selbstähnlichkeit im engeren Sinne ist die Eigenschaft von Gegenständen, Körpern, Mengen oder geometrischen Objekten in größeren Maßstäben, d. h. bei Vergrößerung, dieselben oder ähnliche Strukturen aufzuweisen wie im Anfangszustand.

Autopoiese[245]

Der Begriff Autopoiese beschreibt den Prozess der *autonomen*, selbstähnlichen (rekursiven) Organisation. Daraus lassen sich molekularbasiert eine lebensfähige Grundeinheit und darauf aufbauend lebensfähige Strukturen höherer Ordnung ableiten.

Emergenz[246]

Emergenz beschreibt das Phänomen spontan auftauchender Eigenschaften in Systemen, die sich nicht aus den Eigenschaften der Systemelemente allein ableiten lassen. Etwas Neues entsteht.

Algedonische Schleife[247]

Die algedonische Schleife bezeichnet Rückmeldungen der Umwelt auf ein System. Diese Rückmeldungen wirken als Rückkopplung entweder verstärkend oder dämpfend.

---

243 Vgl. Wiki_Komplexität, Abschnitt 1, gelesen am 14.06.2011

244 Vgl. Wiki_Selbstähnlichkeit, gelesen am 14.06.2011

245 Vgl. Wiki_Autopoiese, Abschnitt 1, gelesen am 14.06.2011

246 Vgl. Wiki_Emergenz, gelesen am 14.06.2011

247 Vgl. Wiki_Algedonisch, gelesen am 14.06.2011

Komplexe adaptive Systeme[248]

Komplexe adaptive Systeme sind komplexe Systeme mit besonderen Eigenschaften. Sie sind selbstorganisiert, anpassungsfähig, lernfähig und selbstähnlich.

Ashby'sches Gesetz[249]

Ein System, welches ein anderes steuert, kann umso mehr Störungen in dem Steuerungsprozess ausgleichen, je größer seine Handlungsvarietät ist.

Viable System Model[250]

Das Viable System Model (VSM), zu Deutsch das *Modell des lebensfähigen Systems*, wurde erstmals von Stafford Beer im Jahre 1959 formuliert. Modellhaft erfasst es die Managementfunktionen von Organisationsebenen und stellt den Informationsfluss zwischen diesen dar. Es dient der Beschreibung, Diagnose und Gestaltung des Managements von Organisationen. Das VSM ist ein universell einsetzbares Rahmenkonzept, das laut Beer jede Organisation und jeden Organismus abbilden kann. Das Modell leitet sich von der Funktionsweise des menschlichen Gehirns und Nervensystems ab.

3.7.3 Das Viable System Model

Von zentraler Bedeutung für die Struktur eines lebensfähigen Systems sind die im Folgenden kurz aufgeführten *Prinzipien* der Viabilität, der Rekursion und der relativen Autonomie.

Das Prinzip der Lebensfähigkeit (Viabilitätsprinzip) erfordert vom System eine Gliederung in Bereiche, die selbst wieder lebensfähig sind. Somit ist keine willkürliche Unterteilung in Subsysteme möglich. Vielmehr muss jedes Subsystem selbst ein lebensfähiges System darstellen, welches in seiner Umwelt selbstständig existieren kann.[251]

---

[248] Vgl. Wiki_KaS, gelesen am 14.06.2011

[249] Vgl. Wiki_AshbysLaw, gelesen am 14.06.2011

[250] Vgl. Wiki_VSM_en und Wiki_VSM, gelesen am 14.06.2011

[251] Vgl. Malik00, Die kybernetischen Organisationsstrukturen von Managementsystemen, S. 78

Das Prinzip der Rekursion ist ein Systemstrukturierungsprinzip, welches besagt, dass jedes System, Supersystem, Subsystem innerhalb eines Systems die gleiche Struktur aufweist. Dies geht Hand in Hand mit dem Prinzip der Lebensfähigkeit. Es entsteht so die verschachtelte Struktur eines lebensfähigen Systems, dessen einzelne Organisationseinheiten wiederum lebensfähige Systeme darstellen.[252]

Das Prinzip der relativen Autonomie besagt, dass die einzelnen Divisionen eines Systems im Prinzip völlige Verhaltensfreiheit haben. Ihre Handlungsvarietät ergibt sich also uneingeschränkt aus dem eigenen System. Innerhalb eines lebensfähigen Systems wird die Handlungsfreiheit einer Operationseinheit lediglich seitens der Managementeinheiten (Systeme drei bis fünf) im Sinne des übergreifenden, wiederum lebensfähigen Systems beeinflusst.[253]

Die Funktionalen Subsysteme in Anlehnung an die Interpretationen Maliks werden im Folgenden zusammengefasst:

System 1[254]

Wie aus dem Prinzip der Lebensfähigkeit und der Rekursion bereits hervorgeht, ist das System 1 für sich genommen selbst ein lebensfähiges System. Es besteht aus einem quasi autonomen, operativen Bereich und einer Lenkungsinstanz. Der operative Bereich ist sozusagen eine Division, die Lenkungsinstanz ist die Divisionsführung. Gemeinsam bilden sie eine elementare Organisationseinheit oder, in Maliks Worten, eine *ergebnisverantwortliche Einheit*.

[252] Vgl. Malik00, Die kybernetischen Organisationsstrukturen von Managementsystemen, S. 90

[253] Vgl. Malik00, Die kybernetischen Organisationsstrukturen von Managementsystemen, S. 93ff

[254] Vgl. Malik00, Die kybernetischen Organisationsstrukturen von Managementsystemen, S. 105ff

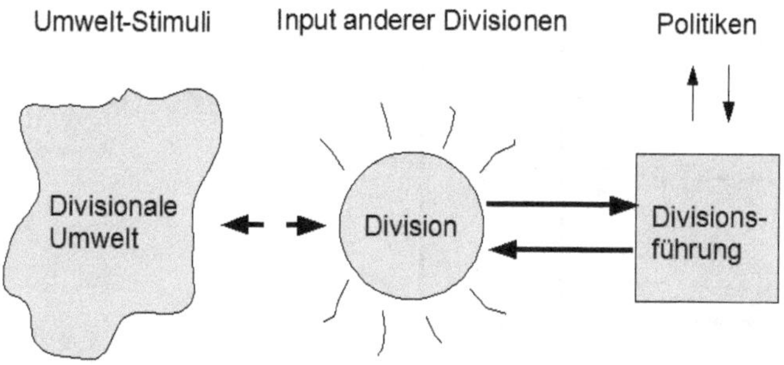

Abbildung 6: System 1 und seine Umwelt (in Anlehnung an Malik)

System 2[255]

Das System 2 bildet die *interdivisionale Koordination* ab. Es ist zuständig für die Abstimmung der Systeme 1 untereinander. Es geht darum, unkontrollierte Oszillationen zu verhindern und stattdessen die Zusammenarbeit der Systeme zu fördern. Dies geschieht zum einen über Kontrollmechanismen, die über signifikante Verhaltensabweichungen oder kurzfristige Planänderungen wachen. Zum anderen ermöglichen Informationen über Synergievorstellungen der Unternehmung die Ableitung von Standards zur Beurteilung der Zusammenarbeit.

Das System 2 ist eine Ergänzung zur zentralen Befehlsachse der Lenkungsinstanzen. Die Informationen, die zwischen den Systemen 1 und dem Koordinationszentrum fließen, sind dabei nicht hierarchisch und sie haben keinen Befehlscharakter. Sie sind rein informativ.

255 Vgl. Malik00, Die kybernetischen Organisationsstrukturen von Managementsystemen, S. 115ff

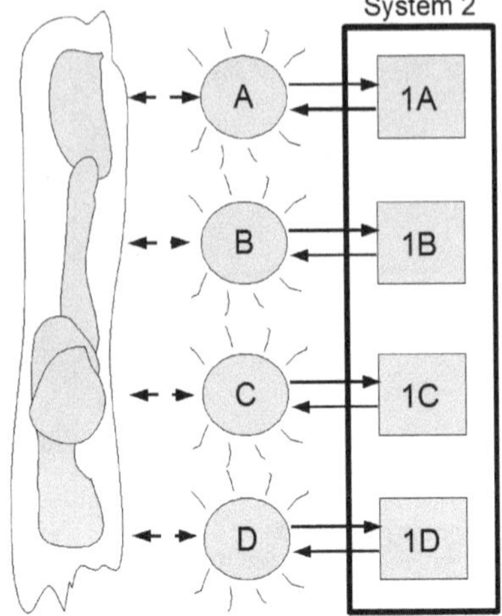

Abbildung 7: System 2 im Kontext der Systeme 1 - A bis D (in Anlehnung an Malik)

System 3[256]

Das System 3 ist zuständig für den operativen Gesamtplan, also die Optimierung der internen Gesamtleistung der Unternehmung. Es ist die oberste Ebene des autonomen Managements der einzelnen ergebnisverantwortlichen Einheiten und es ist die unterste Ebene des Unternehmensmanagements. Es ist also die Verbindungsstelle und leitet Informationen direkt über die zentrale Befehlsachse von den Systemen 4 und 5 weiter an die Systeme 1 und zurück. Informationen über die Unternehmungspolitik gehen den Weg von oben nach unten, während die Informationen über deren Einhaltung von unten nach oben geleitet werden. Daneben gibt es den Informationsfluss aus dem System 2 über die Einhaltung der Synergievorstellungen der Unternehmung. Informationen über Überlastungserscheinungen oder neuartige Entwicklungen gelangen über die direkte Verbindung zu den einzelnen Divisionen, also den rein operativen Einheiten, zum System 3.

[256] Vgl. Malik00, Die kybernetischen Organisationsstrukturen von Managementsystemen, S. 119ff

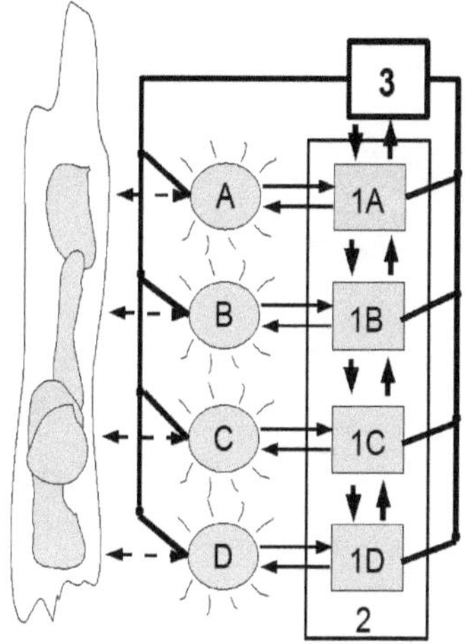

Abbildung 8: Lenkungszusammenhänge inkl. des Systems 3 (in Anlehnung an Malik)

System 4[257]

Das System 4 befasst sich mit der Zukunft der Unternehmung, mit der Anpassung an die Dynamik von Umwelt und Technologien, also mit der Unternehmensplanung im weitesten Sinne. Es bildet über die zentrale Befehlsachse die Verbindung zwischen dem autonomen Management (System 3) und dem Entscheidungszentrum (System 5). Informationen aus der Unternehmensumwelt werden aufgenommen, verarbeitet und an die oberste Entscheidungsinstanz sowie das autonome Management weitergeleitet. Interne und externe algedonische Informationen werden integriert und über besondere Kanäle an das System 5 weitergeleitet.

[257] Vgl. Malik00, Die kybernetischen Organisationsstrukturen von Managementsystemen, S. 127ff

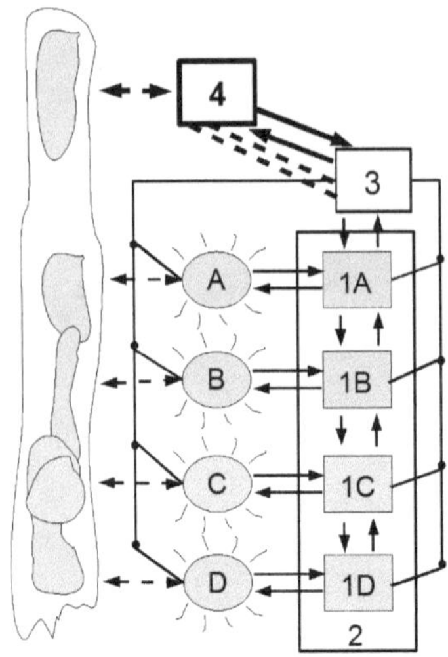

Abbildung 9: Lenkungszusammenhänge inkl. des Systems 4 (in Anlehnung an Malik)

System 5[258]

Das System 5 ist die oberste Entscheidungsinstanz. Es entscheidet, welche Politik das zukünftige Verhalten der Unternehmung bestimmen soll. Dies geschieht anhand der von System 4 aufbereiteten Informationen über interne und externe Ereignisse. System 5 beschäftigt sich also mit möglichen zukünftigen Entwicklungen, mit der Evaluation alternativer Unternehmensstrategien und letztlich mit der Formulierung der Unternehmenspolitik. Die Unternehmenspolitik ist das Leitbild, welches den zukünftigen Handlungsspielraum der Unternehmung festlegt. Daran wird das zukünftige Verhalten gemessen. Gleichzeitig unterliegt das Leitbild einem komplexen Aushandlungsprozess mit den unteren Ebenen.

Darüber hinaus hat das System 5 Überwachungsfunktion gegenüber den Systemen 4 und 3. Es überwacht das Funktionieren dieser Systeme.

---

[258] Vgl. Malik00, Die kybernetischen Organisationsstrukturen von Managementsystemen, S. 134ff

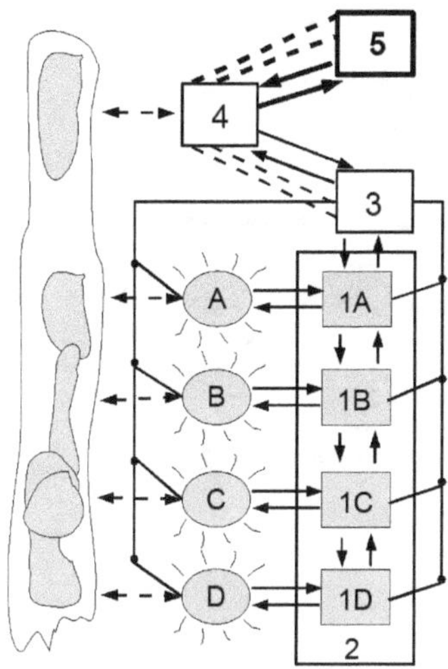

Abbildung 10: Lenkungszusammenhänge inkl. des Systems 5 (in Anlehnung an Malik)

Rekursion

Betrachten wir nun ein lebensfähiges System mit all seinen Subsystemen in einer Rekursionsebene. Die Lenkungsinstanz besteht immer aus den Systemen 3 bis 5, während die Division aus den Systemen 1 und dem System 2 besteht.

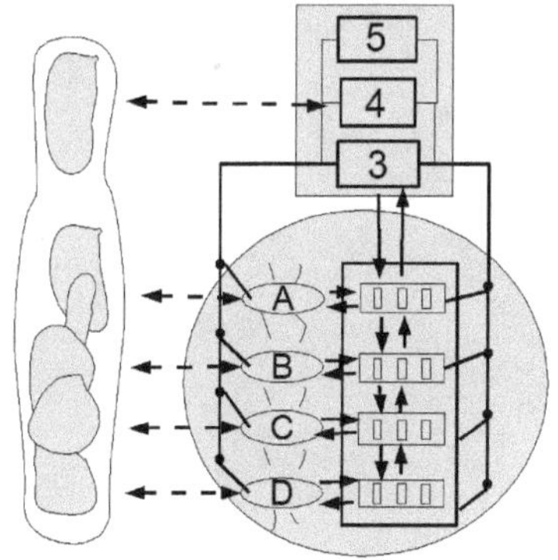

Abbildung 11: Rekursive Struktur des lebensfähigen Systems (in Anlehnung an Malik)

Das Prinzip der Rekursion lässt sich in unzähligen Ebenen weiter denken.

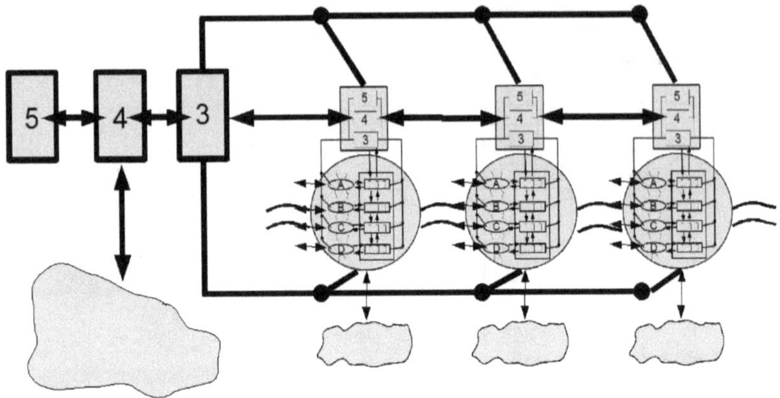

Abbildung 12: Schema des lebensfähigen Systems in mehreren Rekursionsebenen (in Anlehnung an Malik)

4 Scrum auf dem Prüfstein

In diesem Kapitel wird nun Scrum anhand der Grundsätze, Aufgaben und Werkzeuge wirksamen Managements, wie wir sie von Malik kennengelernt haben, geprüft. Wie bereits erwähnt, geht es dabei um die Feststellung, ob Scrum sich als Methodik für wirksames Management im Sinne Maliks eignet. Des Weiteren wird in diesem Kapitel noch kurz angerissen, ob Scrum sich prinzipiell auch für einen unternehmungsweit skalierten systemischen Einsatz eignen kann.

4.1 Grundsätze wirksamer Führung

Als Pendant zu den Grundsätzen bei Malik findet man bei Scrum das Wertegerüst, dessen Kern das "Agile Manifest" bildet. Hier finden sich Aussagen, die sich direkt in Bezug zu den Grundsätzen wirksamer Führung setzen lassen. Viele Bezüge lassen sich aber besser konkret durch die Scrum-Regeln, die typischen Praktiken und ihre Auswirkungen herstellen.

4.1.1 Resultatorientierung

In Scrum ist, noch stärker betont als bei Malik, das Erreichen von Zielen und die Erfüllung von Aufgaben der Prüfstein für das Agieren. Die Methodik Scrum institutionalisiert die Ergebnisorientierung in hohem Ausmaß. Sämtliche Meetings, Artefakte und selbst die Rollen sind auf größtmögliche Effektivität und Effizienz ausgelegt.

Im *Daily Scrum* spiegelt sich dies in den Fragen nach dem erreichten und dem geplanten Ergebnis sowie in der Frage nach ungelösten hinderlichen Problemen ganz konkret wider. Das Meeting selbst ist in seiner Konzentration auf genau diese drei Fragen hoch ergebnisorientiert.

Im *Planning Meeting* spiegelt sich die Resultatorientierung in der Fokussierung auf genau ein konkretes Ziel und der Planung genau dieser Zielerreichung wider.

Das *Review* ist *das* Meeting, in welchem die vom Team erreichten Ergebnisse seitens der Auftraggeber auf die Zielerreichung hin geprüft werden.

In der *Retrospektive* bewertet das Team selbst die Zielerreichung und sucht nach Verbesserungsmöglichkeiten.

Das *Productbacklog* ist selbst ein Ergebnis, welches Voraussetzung für das weitere Vorgehen ist. Ohne ein adäquates Productbacklog kann im Scrum das Team seine Selbstverpflichtung für die Zielerreichung absagen, da es auf der gegebenen Grundlage das Ziel nicht für erreichbar hält. Gleichzeitig ist das Productbacklog durch die dahinter stehende Analyse und seine Priorisierung und insbesondere die Abnahmekriterien absolut ziel- und ergebnisorientiert.

Das *Sprintbacklog* ist in höchstem Maß lösungsorientiert, indem die ganz konkrete Planung der Zielerreichung auf Ebene von Personentagespaketen hier abgebildet wird. Die *Definition of Done* dient der adäquaten Ergebnisqualität, ohne die ein Arbeitspaket gar nicht erst als Ergebnis zugelassen wird.

Genauso dient das *Burndownchart* vollständig der Resultatorientierung. Tagesaktuell ist hier der Fortschritt der erledigten Arbeitspakete sichtbar.

Betrachtet man schließlich die Rollen, so sieht man hier genauso, dass als Maß für das Funktionieren immer die erreichten Ergebnisse herangezogen werden.

Beim *Productowner* ist dies auf die Spitze getrieben, indem er vollständig als *single wringable neck* die Verantwortung für das produzierte Ergebnis trägt.

Das *Team* wird, wie bereits erwähnt, im Review an dem realisierten Ergebnis hinsichtlich des definierten Zieles gemessen.

Der *Scrum Master* wird ebenfalls am Ergebnis gemessen. Ein schlechtes Ergebnis bedeutet implizit, dass es ungelöste Probleme gab, was im Verantwortungsbereich des Scrum Masters liegt. Dies setzt natürlich voraus, dass der Verantwortungsbereich auch dem Kompetenzbereich des Scrum Masters entspricht. Ein Scrum Master, dem schon formal nicht die Möglichkeit eingeräumt wird, die Arbeitshindernisse des Teams tatsächlich auch auszuräumen, kann nur in seinen eingeschränkten Möglichkeiten effektiv sein.

Zuletzt noch ein Blick auf die Grundsätze in Scrum. Bezeichnend für die Resultatorientierung findet man im "Agilen Manifest" folgende Sätze:

"Our highest priority is to satisfy the customer through early and continuous delivery of valuable software.
Working software is the primary measure of progress."[259]

Zusammenfassend kann also gesagt werden, dass Scrum nicht nur Resultatorientierung sehr gut unterstützt, sondern dass es vielmehr in all seinen Elementen darauf ausgerichtet ist.

Grundsatz	Unterstützung	Ergänzung	Widerspruch
Resultatorientierung	Vollständig	Überflüssig	Keiner

Tabelle 3: Bewertung der Resultatorientierung in Scrum

4.1.2 Beitrag zum Ganzen

Wie von Malik am Beispiel der drei Maurer erläutert, liegt hier der Kern des ganzheitlichen Denkens, die Voraussetzung für unternehmerisches Handeln, die Möglichkeit, Spezialisten zu Generalisten zu wandeln, der Weg zu flachen Hierarchien und der Schlüssel zu dauerhafter Motivation.
Diese hohe Bedeutung und Wichtigkeit des eigenen Beitrags zum Ganzen wird in Scrum stark unterstützt. Die Rollen sowie die Gestaltung der Strukturen tragen dem voll Rechnung.
So haben wir bereits gesehen, dass das Team immer als Ganzes seine Aufgaben verantwortet. Jeder Einzelne hat seinen eigenen Beitrag dazu zu leisten. Alle im Team sind zunächst gleichberechtigt und gleichbedeutend, Hierarchien gibt es nicht, Positionen oder dergleichen werden nicht verteilt, darum geht es nicht. Allein der Beitrag, den jeder Einzelne leistet, macht seine Bedeutung aus. Genau, wie Malik den Soll-Zustand beschreibt.
Im Planning Meeting werden immer das Ziel und alle dazugehörigen Anforderungen mit allen Teammitgliedern besprochen, so dass auch für jeden Klarheit über das Ganze besteht. Die darauf folgende Planung der einzelnen Aufgaben (*Tasks*) ermöglicht den konkreten Bezug von jeder Aufgabe zum Gesamten. Die Arbeit mit einem Taskboard, an dem die einzelnen Aufgaben

[259] Agilemanifesto, gelesen am 28.04.2011

und ihr jeweiliger Status zu sehen sind, visualisiert diesen Bezug und den konkreten Nutzen noch in hervorragender Art und Weise.
Wird Scrum skaliert, so wird auch dabei darauf geachtet, dass der Bezug zum Ganzen nicht verloren geht. Zunächst ist dies durch die rekursiven Strukturen, insbesondere der Productowner, gewährleistet, die ja *das Ganze* als Ziel besonders im Auge haben und an die anderen Beteiligten kommunizieren. Hinsichtlich der Meetings wird nach Möglichkeit nicht nur der Zeitpunkt synchronisiert, sondern sie finden auch in einem Raum statt. Der Bezug zum Ganzen wird hierbei nicht nur kommuniziert, sondern sozusagen *physisch erfahrbar* gemacht.
Zusammenfassend kann also gesagt werden, dass Scrum mit seinem ganzheitlichen Ansatz diesen Grundsatz tatsächlich sehr gut fördert und als Methodik hierfür sehr geeignet ist.

Grundsatz	Unterstützung	Ergänzung	Widerspruch
Beitrag zum Ganzen	Vollständig	Überflüssig	Keiner

Tabelle 4: Bewertung des Grundsatzes Beitrag zum Ganzen in Scrum

4.1.3 Konzentration auf Weniges

Mit dem Grundsatz der Konzentration auf Weniges spricht Malik gegen die Verzettelung und Zersplitterung der Kräfte, bei der häufig sehr viel Arbeit nur zu wenigen Ergebnissen führt. Ein nicht zu unterschätzendes Problem sind auch viele Störungen der Arbeit am Stück, die insbesondere bei Kopfarbeitern zu unbefriedigender Ineffizienz führen.
Scrum wirkt auch dieser Problematik ganz bewusst entgegen und fördert mit seinen Strukturen die Konzentration auf Weniges. Die Ausrichtung jedes Sprints auf genau ein Sprintziel zeigt dies am deutlichsten, zumal sich das Ziel immer auf den wichtigsten Geschäftswert konzentriert. Aber auch die Wichtigkeit des Productbacklog, in welchem sich die *Priorisierung* der einzelnen Anforderungen unabdingbar finden muss, zeugt von diesem Grundsatz.
Des Weiteren hilft die klare Rollendefinition bei Scrum jedem, sich auf genau die eigenen Aufgaben zu konzentrieren. Der Productowner muss sich um den

Geschäftswert und die dazugehörigen Priorisierungen kümmern, das Team muss sich um die Realisierung kümmern und der Scrum Master muss sich darum kümmern, den Anderen genau dies zu ermöglichen. Der Scrum Master hat sozusagen die Aufgabe, den Anderen ihre Konzentration auf ihre jeweilige Aufgabe zu ermöglichen, sie dabei zu unterstützen und Störungen zu unterbinden.

Das störungsfreie Arbeiten ist in Scrum über die Selbstverpflichtung regelrecht institutionalisiert. Wie wir bereits gesehen haben, ist jeder Sprint timeboxed. Am Ende soll das Sprintziel erreicht sein. Der Sprint beginnt mit dem Planning Meeting, welches mit der Selbstverpflichtung der Beteiligten auf das Sprintziel endet. In der Selbstverpflichtung ist verankert, dass das Team während des Sprints ungestört an dem Sprintziel arbeiten kann.

Eine weitere strukturelle Unterstützung zur Konzentration findet sich im Sprintbacklog. Hier gilt die Richtlinie, dass ein Arbeitspaket einen Personentag Arbeit nicht überschreiten sollte. Idealerweise kann also jedes Teammitglied jeden Tag genau ein Arbeitspaket erledigen.

Zusammenfassend kann also gesagt werden, dass auch dieser Grundsatz in Scrum sehr gut unterstützt wird.

Grundsatz	Unterstützung	Ergänzung	Widerspruch
Konzentration auf Weniges	Vollständig	Überflüssig	Keiner

Tabelle 5: Bewertung des Grundsatzes Konzentration auf Weniges in Scrum

4.1.4 Vorhandene Stärken nutzen

Dieser Grundsatz wird von Malik an vielen Stellen wieder aufgegriffen, insbesondere beim Entwickeln und Fördern von Menschen und bei der Leistungsbeurteilung. Alle drei Aspekte werden in Scrum nicht explizit angesprochen und behandelt. Nichtsdestotrotz lohnt eine kurze Betrachtung dieses Grundsatzes im Rahmen von Scrum.

Malik beschreibt es als deutlich schwieriger, Stärken zu erkennen. Ein markantes Kennzeichen für Stärken von Menschen sei jedoch dass sie das, *was ihnen leicht fällt, gut tun*.

Ausgehend von diesem Merkmal, kann davon ausgegangen werden, dass in einem funktionierenden ziel- und ergebnisorientiertem Team die Selbstorganisation greift und die Beteiligten sich selbst und gegenseitig eher an ihren Stärken als an ihren Schwächen orientieren werden, wenn es an die Erledigung der Aufgabenpakete geht. Man muss sogar befürchten, dass diese Orientierung zu stark ausgelebt wird, weil die einzelnen Mitarbeiter zu stark bei den Tätigkeiten verhaftet bleiben, die ihnen leicht fallen. Untragbare oder riskante Defizite im Team, die das Team nicht aus sich heraus in Selbstorganisation beseitigt, müssen durch Steuerung seitens des Scrum Masters behoben werden.

Geht man von einer Steuerung seitens des Scrum Masters aus, findet man auch hierbei, dass die Struktur von Scrum sehr hilfreich ist. Die hohe Ergebnistransparenz (Daily Scrum, Burndownchart) in Kombination mit den stark kommunikativ ausgerichteten Meetings (Planning Meeting, Retrospektive) erlaubt einen guten Einblick in die Fähigkeiten und Potenziale der einzelnen Mitarbeiter. Er kann also sehr gut einschätzen, bei wem welche Stärken genutzt werden können, um Defizite im Team zu beheben.

Zusammenfassend kann gesagt werden, dass Scrum den Grundsatz der Stärkenorientierung durchaus unterstützt, indirekt durch die Selbstorganisation des Teams und zusätzlich durch den Scrum Master, der dem Team zur Seite steht.

Ergänzend zu seiner im Scrum definierten Rolle, sollte sich der Scrum Master trotzdem mit diesem Grundsatz als Element seiner Führungsqualität befassen.

Grundsatz	Unterstützung	Ergänzung	Widerspruch
Vorhandene Stärken nutzen	Teilweise	Sinnvoll	Keiner

Tabelle 6: Bewertung des Grundsatzes Vorhandene Stärken nutzen in Scrum

4.1.5 Vertrauen

Wie bereits beschrieben, ist laut Malik eine gesunde Vertrauensbasis das Fundament einer stabilen Führungssituation. Er stellt eine Reihe hilfreicher Regeln vor, die sich insbesondere auf das Verhalten der Führungskraft gegenüber den Mitarbeitern beziehen. Obwohl innerhalb des Scrum-Teams keine explizite Führungssituation gegeben ist, sind die Regeln genauso anwendbar und gültig, sobald es um die Repräsentation des Teams nach außen geht, denn dann geht es in der Regel im weitesten Sinne eine Hierarchieebene[260] nach oben.

Nun zur eigentlichen Frage: Inwieweit unterstützt Scrum den Grundsatz des Vertrauens? Das erste vertrauensbildende Element besteht darin, dass Scrum innerhalb eines Scrum-Teams überhaupt keine hierarchischen Strukturen vorsieht. Stattdessen werden die Rollen und ihr Zusammenspiel definiert. Es gibt also ein rudimentäres Regelwerk zur Zusammenarbeit. Dieses kann durch ein spezifisches Regelwerk ergänzt werden, so dass bedarfsgerecht Strukturen geschaffen werden, die ein vertrauensvolles Zusammenarbeiten fördern. Die Retrospektive ist ein Instrument, um dergleichen zu fördern. Doch um eine Retrospektive erfolgreich praktizieren zu können, ist bereits ein gewisses Maß an Vertrauen notwendig. Hierzu definiert Scrum wiederum Regeln und Grundsätze. Ein elementarer Grundsatz in der Retrospektive ist die Grundannahme, dass Jeder sein Bestes gegeben hat[261]. Dieser Grundsatz dient der offenen Auseinandersetzung über Probleme, ohne dass es zu persönlichen Schuldzuweisungen und Herabsetzungen kommt. Gelungene Retrospektiven etablieren eine lernorientierte Fehlerkultur, in der das Erkennen von Fehlern als Chance zur Verbesserung wahrgenommen wird. In Kombination mit der bei Scrum üblichen Transparenz entspricht dies in hohem Maße dem von Malik propagierten Vertrauen (mit Kontrolle gegen Missbrauch).

---

260 Im hier verwendeten weiten Sinne wäre auch z.B. der Auftraggeber als eine hierarchisch höher stehende Ebene zu verstehen.

261 Vgl. Scrum_Schulung, 5-3; siehe Anhang 2

Noch weit mehr Aspekte bezüglich eines vertrauensvollen Umgangs finden sich im Wertegerüst von Scrum, explizit im "Agilen Manifest". So wird im Zweifelsfalle die Zusammenarbeit mit dem Kunden höher geschätzt als das Verhandeln über die Vertragsinhalte. Bezeichnend ist auch dieser Satz:

> "Build projects around motivated individuals. Give them the environment and support they need, and trust them to get the job done."[262]

Zusammenfassend kann gesagt werden, dass Scrum den Grundsatz des Vertrauens von sich aus ebenfalls vertritt, im eigenen Wertegerüst sowie im eigenen Regelwerk.
Ergänzend ist es für jeden Beteiligten des Scrum-Teams und auch darüber hinaus zu empfehlen, die hilfreichen Ausführungen Maliks zu verinnerlichen.

Grundsatz	Unterstützung	Ergänzung	Widerspruch
Vertrauen	Vollständig	Sinnvoll	Keiner

Tabelle 7: Bewertung des Grundsatzes Vertrauen in Scrum

4.1.6 Positiv Denken

Als Kernelement dieses Grundsatzes betont Malik, *Chancen statt Probleme* zu sehen. Die *Praktik* von *Disziplin* und *Selbstmotivation* führen dort hin.
In Scrum finden wir das Element der Disziplin im gesamten Regelwerk, von der Planung über die Realisierung bis zum Review, als Forderung zur Einhaltung der Timebox, der Meetingregeln und aller weiteren Vorgaben. Neben den Forderungen steht die klar definierte Möglichkeit von Konsequenzen bei Nichteinhaltung, z.B. kann das Team seine Selbstverpflichtung versagen, wenn das Productbacklog inadäquat vorbereitet ist.
Das Daily Scrum mit seinen drei Fragen ist für jeden einzelnen Mitarbeiter sicher das stärkste disziplinierende Element, da es täglich wieder auf die erzielten Ergebnisse fokussiert. Probleme können spätestens bei dieser Gelegenheit konstruktiv adressiert werden, nötigenfalls auch an den Scrum Mas-

[262] Agilemanifesto, gelesen am 28.04.2011

ter. Ein Verharren oder Versteifen auf Probleme oder Missstände wird konsequent vermieden, stattdessen werden Lösungen angegangen.

Die Selbstmotivation im Sinne einer positiven Selbstbeeinflussung wird in Scrum indirekt bereits durch die Teamverantwortung gefördert. Direkt wird sie durch die Selbstorganisation des Teams und die somit gegebenen Möglichkeiten des Beitrags jedes Einzelnen gefördert.

Die Retrospektive und die damit verbundene lernorientierte Fehlerkultur sind praktiziertes positives Denken. In Scrum ist dieser Aspekt also regelrecht institutionalisiert. Verbesserungsmaßnahmen oder Regeln, die sich im Rahmen des Verbesserungsprozesses entwickeln, werden auch im Teamraum visualisiert (z.B. auf dem Taskboard), bis sie von allen verinnerlicht und in die Praxis umgesetzt worden sind.

Im Wertegerüst von Scrum findet sich das japanische Kaizen[263] sowie im "Agilen Manifest" folgender bezeichnender Satz:

> "At regular intervals, the team reflects on how to become more effective, then tunes and adjusts its behavior accordingly."[264]

Zusammenfassend kann gesagt werden, dass Scrum den Grundsatz des positiven Denkens in seinem eigenen Wertegerüst hinterlegt und in seinem Regelwerk sogar institutionalisiert hat.

Grundsatz	Unterstützung	Ergänzung	Widerspruch
Positiv Denken	Vollständig	Überflüssig	Keiner

Tabelle 8: Bewertung des Grundsatzes des positiven Denkens in Scrum

4.2 Aufgaben wirksamer Führung

Malik trennt explizit Sachaufgaben und Managementaufgaben. Betrachtet man das Managementgerüst Scrum, so findet man hier dieselbe Trennung. Die Methodik Scrum befasst sich auf einer allgemein gültigen Ebene mit den

263 Vgl. Kapitel: Scrum, Werte, Schlanke Produktion

264 Agilemanifesto, gelesen am 28.04.2011

Managementaufgaben, während die spezifischen Sachaufgaben sich erst in der praktischen Umsetzung ergeben.

Malik betont die zunehmende Wichtigkeit der Managementaufgaben, weil Information und Wissen in Organisationen zunehmend zur Hauptressource werden. Scrum ist eine Antwort auf genau diese Situation. Es hat seine Wurzeln im aktiven Wissensmanagement.

4.2.1 Für Ziele sorgen

Wie wir bereits gesehen haben, hängt diese Aufgabe sehr stark mit dem Grundsatz der Resultatorientierung zusammen. Ohne Ziele keine beurteilbaren Resultate.

In Scrum wird dieser Satz ins Positive gekehrt und ist die Basis für jeden Sprint, denn jeder Sprint hat ein Sprintziel. Das Ergebnis jedes Sprints wird anhand der Erfüllung dieses Ziels beurteilt. Die Festlegung des Sprintziels erfolgt im Rahmen der Erstellung des Productbacklogs und liegt somit letztlich in der Hoheit des Productowner. Es gehört also zu seinen Aufgaben, für die Ziele der Sprints zu sorgen, oder, anders ausgedrückt, dafür zu sorgen, dass in jedem Sprint *das Richtige* getan wird. Ganz wichtig hierbei ist die im Productbacklog stattfindende Priorisierung, die es insbesondere erlaubt, unwichtiges (oder wie Malik es nennt: Nachrangigkeiten) wegzulassen. Betrachtet man ein Umfeld, in welchem Scrum skaliert ist, so gilt dasselbe rekursiv für die Productowner-Teams. Das Kriterium für die jeweilige Zieldefinition ist immer die Zielvorgabe der Productowner selbst. Diese ist immer an der Erhöhung des Geschäftswerts orientiert.

Das Sprintbacklog enthält die Konkretisierung des Sprintziels, indem es in einzelne Tagesaufgaben heruntergebrochen ist. Jedes Teammitglied hat so die Möglichkeit jeden Tag sein neues Tagesziel zu definieren, welches dann im Daily Scrum kommuniziert und nachgehalten wird.

Malik hält es für wichtig, die Verantwortung für Ziele zu personalisieren. Sollte dies nicht der Fall sein, so ist eine dichte Kontrolle notwendig, die zeitnahes Reagieren auf Fehlentwicklungen erlaubt. Genau das geschieht in Scrum.

Die Tagesziele der Teammitglieder und die Zielvorgabe für den Productowner sind individualisiert. Sie sind darüber hinaus auch sehr gut quantifizierbar und messbar. Das Sprintziel hingegen ist in Scrum, zum Zwecke der höheren Ergebnisqualität, explizit ein Teamziel. Die Instrumente einer dichten Kontrolle, wie von Malik gefordert, sind das Daily Scrum, das Burndownchart und das Review. Außerdem ist auch das Sprintziel quantifizierbar und messbar. Der Einsatz von User Stories mit Akzeptanzkriterien ist ein praktisches Beispiel hierfür.

Zusammenfassend kann gesagt werden, dass in Scrum das Führen mit Zielen, wie es Malik hier beschreibt, voll praktiziert wird. Eine organisationsweite Betrachtung der Ziele erfordert dann auch die organisationsweite und rekursive Anwendung von Scrum.

Aufgabe	Unterstützung	Ergänzung	Widerspruch
Für Ziele sorgen	Vollständig	Überflüssig	Keiner

Tabelle 9: Bewertung der Aufgabe Für Ziele sorgen in Scrum

4.2.2 Organisieren

Wie bereits ausgeführt, drehen sich bei Malik die drei Kernfragen des Organisierens um das Kundeninteresse und die Aufgaben der Mitarbeiter und des Top-Managements.

In Scrum obliegt die Sorge um das Kundeninteresse dem Productowner. Er hat dieses Interesse in Form der Sprintziele und des Productbacklogs einzubringen und zu priorisieren. Er ist die verantwortliche Schnittstelle zum Kunden und wird letztlich am Erfolg des Endergebnisses gemessen.

Die Sorge um die Mitarbeiter, es ihnen also zu ermöglichen, ihre Aufgaben bestmöglich zu bewältigen, obliegt in Scrum dem Scrum Master. Er hält praktisch dem Team den Rücken frei. Er schützt es vor Störungen von außen und unterstützt es da, wo Bedarf vorliegt.

Das Top-Management wird in Scrum unterstützt, indem es jederzeit vollen Einblick in die Ergebnisse der Scrum-Teams erhält[265]. Transparenz ist in Scrum groß geschrieben. Genauso ist Kommunikation und kontinuierliche Verbesserung groß geschrieben. Das Top-Management muss hier also nicht aktiv tätig werden, sondern kann es den positiven Aspekten der Selbstorganisation überlassen, effizient zu Ergebnissen zu kommen. Es kann sich also auf seine strategische Arbeit konzentrieren und muss lediglich in dieser Hinsicht steuernd Einfluss nehmen.

Betrachtet man die von Malik genannten sechs Symptome schlechter Organisation, so sieht man auch sehr schnell, dass Scrum diesen sehr gut entgegenwirkt. Im Folgenden eine kurze Stellungnahme zu den von Malik genannten Symptomen:

Die *Vermehrung der Managementebenen* ist in Scrum vollständig eliminiert. In Scrum gibt es keine Managementebenen. Jedes Scrum-Team kann vielmehr als eine ergebnisverantwortliche Einheit verstanden werden. Es arbeitet zielorientiert und selbstorganisiert. Die Managementaufgaben sind zwischen den Beteiligten explizit aufgeteilt.

Das *bereichsübergreifende Arbeiten* findet in Scrum nur dann statt, wenn Scrum skaliert und mehrere Scrum-Teams sich untereinander abstimmen müssen. Die Steuerung über die Zielvorgaben der Productowner und über die Möglichkeit des Scrum of Scrum reduziert hierbei das bereichsübergreifende Arbeiten auf das notwendige Minimum.

Die *Notwendigkeit für viele Sitzungen* mit vielen Leuten wird in Scrum durch wenige festgelegte und stark reglementierte Meetings vermieden. In diesen Meetings wird sehr auf Effektivität und Effizienz geachtet.

Personelle Überbesetzung ist bei Scrum allein durch die hohe Transparenz der Tätigkeiten sehr unwahrscheinlich.

Die *Notwendigkeit von Koordinatoren und Assistenten* gibt es in Scrum nicht. Das Team arbeitet selbstorganisiert. Jede Rolle ist mit ihren Aufgaben und Verantwortlichkeiten definiert. Mehr sind nicht notwendig.

---

[265] Vgl. Kapitel: Scrum, Artefakte, Burndownchart

Viele Jobs mit 'ein bisschen von allem' werden in Scrum vermieden, indem alle Beteiligten in Vollzeit ihre wohldefinierte Rolle orientiert am Sprintziel ausfüllen sollen und dabei dem Grundsatz der Konzentration auf Weniges folgen.

Zusammenfassend kann gesagt werden, dass Scrum als schlanke Methodik hervorragend geeignet ist, effizientes und effektives Organisieren zu unterstützen. Stellt man sich Scrum unternehmensweit skaliert vor, so bietet es die Voraussetzung zu einer wirksamen Organisationsform.

Aufgabe	Unterstützung	Ergänzung	Widerspruch
Organisieren	Vollständig	Überflüssig	Keiner

Tabelle 10: Bewertung der Aufgabe Organisieren in Scrum

4.2.3 Entscheiden

Laut Malik gilt nicht nur *Wer entscheidet, ist eine Führungskraft,* sondern vor allem die Frage *Was wäre richtig?* erfordert ein sorgfältiges Vorgehen, ausgehend von der *Problemanalyse* über die *Lösungsfindung* bis zur *Realisierung*.

In Scrum findet sich dieses Vorgehen explizit bei der Retrospektive. Hier wird eine rekursive Problemanalyse betrieben, aus der schließlich konkrete Maßnahmen zur Umsetzung einer Lösung abgeleitet werden. Der Aspekt der Partizipation, den Malik hervorhebt, ist bei der Retrospektive also auch in vollem Maß gegeben. Die Betrachtung möglichst vieler Lösungsalternativen ist in Scrum implizit durch die Diskussion im Team gegeben. Dieses Vorgehen beschränkt sich nicht nur auf die Retrospektive, sondern auch auf laufende Entscheidungen, die während der Arbeit im Team gefällt werden müssen (z.B. Architektur- und Designentscheidungen in der Softwareentwicklung). Aufgabe des Scrum Masters ist es hierbei, die Entscheidungsfindung unterstützend zu moderieren.

Der Productowner ist derjenige, der im Vorfeld eine wesentliche Analysetätigkeit zu erbringen hat. Die Definition des Wertschöpfungsziels erfordert es, die Probleme (z.B. des Geschäftsprozess, der in Software abgebildet werden soll) genau zu kennen und analysiert zu haben. Aus der Idee des *Genchi Genbutsu* leiten sich der direkte Kontakt und die Auseinandersetzung mit den verschiedenen Stakeholdern ab. Ist das Wertschöpfungsziel gefunden, so spiegelt das daraus definierte Sprintziel jeweils den *minimalen Idealzustand*, den es zu erreichen gilt. Im Rahmen des Planning Meetings, aber auch in vorausgehenden Diskussionen bezüglich der Anforderungen findet die Partizipation im Sinne Maliks statt. Die Teammitglieder nehmen an der Definition des minimalen Idealzustands teil und bringen ihre spezifische Sichtweise und ihre Kenntnisse ein. Wieder ist es die Aufgabe des Scrum Masters, die Entscheidungsfindung zu moderieren.

Malik legt auch noch großen Wert auf das Durchdenken der Folgen und Risiken der verschiedenen Lösungsalternativen. Dieser Aspekt findet sich in Scrum durch die Teamdiskussionen, in Kombination mit dem bei Scrum üblichen risikobasierten Ansatz realisiert.

Ganz im Sinne Maliks, finden die Entscheidungen in Scrum konsensbasiert statt, nachdem die unterschiedlichen Meinungen verschiedener Personen, also der bestehende *Dissens*, in der vorausgehenden Diskussion ausgetragen wurden.

Zusammenfassend kann gesagt werden, dass die Entscheidungsfindung in Scrum alle Aspekte zur wirksamen Erfüllung der *Aufgabe Entscheiden* enthält.

Ergänzend ist aber allen Beteiligten des Scrum-Teams zu empfehlen, die von Malik sehr ausführlich beschriebenen Entscheidungsschritte zu kennen. Zusätzlich sollte der Scrum Master sensibilisiert werden, darauf zu achten, dass in der Diskussion Dissens gefunden und ausgetragen wird, um falsche Konsensbildung aus Harmoniebestreben zu vermeiden.

Aufgabe	Unterstützung	Ergänzung	Widerspruch
Entscheiden	Vollständig	Sinnvoll	Keiner

Tabelle 11: Bewertung der Aufgabe Entscheiden in Scrum

4.2.4 Kontrollieren

Selbstkontrolle ist die beste Art der Kontrolle, so Malik unter Berufung auf den Vater der Managementlehre Peter F. Drucker. Dadurch ließe sich die Notwendigkeit von Kontrollen drastisch reduzieren.

Scrum lebt genau diesen Ansatz. Der Productowner und das Team stehen jeweils in der Verantwortung für die Ergebnisse, die sie produzieren. Der Scrum Master unterstützt die Selbstkontrolle, aber auch die Kontrollmöglichkeit von außen.

Der Zweck von Kontrollen ist ausreichende Sicherheit, also adäquate Qualität des Ergebnisses und Planungssicherheit. Über die *Definition of Done* wird in Scrum die Ergebnisqualität definiert. Ihre Einhaltung obliegt zunächst der Selbstkontrolle des Teams. Spätestens im Review findet die Kontrolle von außen, seitens des Productowners (und optional weiterer Stakeholder) statt. Die Definition selbst wird auch kontinuierlich auf den Prüfstand gestellt und gegebenenfalls im Rahmen der Retrospektive angepasst. Die Akzeptanzkriterien der Anforderungen im Productbacklog definieren die erwartete funktionale Qualität des Produktes. Die Kontrollmechanismen sind hier ebenfalls zunächst die Selbstkontrolle im Team, dann die Außenkontrolle im Review. Über eine laufende Fortschrittskontrolle während des Sprints (*Burndownchart*) wird der aktuelle Stand gegen die Planung geprüft, so dass möglichen Fehlentwicklungen frühzeitig entgegengewirkt werden kann. Planungssicherheit wird aber auch erreicht, indem nach wenigen Sprints die durchschnittliche Arbeitsgeschwindigkeit des Teams berechnet und für grobe Abschätzungen im Vorfeld genutzt werden kann.

Der Burndownchart ist ein schönes Beispiel für die von Malik propagierte *Aktionsorientierung* von Kontrollen. Im Burndownchart wird tagesaktuell der erwartete Restaufwand im Sprint visualisiert. Es geht also in keinster Weise darum festzustellen, wer welche Arbeit geleistet hat (*Informationsorientierung*), sondern lediglich darum zu erkennen, ob und wo Handlungsbedarf besteht, weil das Sprintziel in Gefahr ist.

Natürlich erfordert dies, wie auch bei Malik ausgeführt, einen offenen Umgang mit Problemen. Dieses als lernorientierte Fehlerkultur im Team zu etablieren, kennen wir bereits als Aufgabe des Scrum Master.

Kontrolle bedeutet auch, dass alle anhängigen Aktionen und Probleme nachgehalten werden müssen. Zum Nachhalten des aktuellen Standes kennen wir in Scrum neben dem Burndownchart noch das Daily Scrum mit seinen drei Fragen und das Taskboard, auf dem alle geplanten Arbeitspakete des aktuellen Sprints mit ihrem aktuellen Status sichtbar sind. Der Stand der Problemlösungen wird über das Impedimentbacklog kontinuierlich im Rahmen des Daily Scrum nachgehalten.

Wie man sieht, erfüllt Scrum auch den von Malik propagierten Ansatz, die Kontrollmechanismen auf das Notwendige zu reduzieren. Die Kontrolle von außen reduziert sich in Scrum formal auf den Review, in dem das Sprintergebnis geprüft und abgenommen wird. Wesentlich hierbei ist, dass der Productowner diese Abnahme persönlich und anhand des realen Produktes durchführt. Alle weiteren Kontrollmechanismen werden vom Team selbst durchgeführt. Die Retrospektive ist dabei ein wichtiges Instrument der Optimierung der Kontrollmechanismen selbst. So kann es gut passieren, dass das Team sich für agile Entwicklungstechniken wie z.B. Testgetriebene Entwicklung, Pair Programming oder kontinuierliche Integration mit Codeanalysen etc. entscheidet, um die Qualitätsanforderungen besser realisieren zu können und eine bessere Eigenkontrolle zu gewährleisten.

Die in Scrum hoch geschätzte Transparenz gilt nicht nur innerhalb des Teams. Alle Beteiligten in den Randrollen sind immer als Beobachter auch zum Planning Meeting, zum Daily Scrum oder zum Review eingeladen. Der Status im Laufe des Sprints, die Probleme, ihre Lösung etc. sind einsehbar. Vertrauen ist also ein wichtiges Element dieser Vorgehensweise bzw., wie Malik betont, von vernünftigen Kontrollen überhaupt.

Zusammenfassend kann gesagt werden, dass in Scrum die Aufgabe des Kontrollierens hervorragend im Sinne Maliks gelöst ist.

Aufgabe	Unterstützung	Ergänzung	Widerspruch
Kontrollieren	Vollständig	Überflüssig	Keiner

Tabelle 12: Bewertung der Aufgabe Kontrollieren in Scrum

4.2.5 Menschen entwickeln und fördern

Diese von Malik aufgeführte Aufgabe wird in Scrum, wie bereits erwähnt, nicht explizit beschrieben. Doch haben wir auch bereits gesehen, dass die Stärkenorientierung in Scrum implizit zu finden ist.

Das Entwickeln und Fördern von Menschen wird in Scrum nur insoweit thematisiert, als ein Team immer alle benötigten Qualifikationen zur Bewältigung seiner Aufgabe aufweisen muss. Derart motivierte Qualifizierungsmaßnahmen stehen im Fokus. Ansonsten liegt die Entwicklung in der Eigenverantwortung jedes Einzelnen.

In einem gut funktionierenden selbstorganisierten Team können für jeden gute Möglichkeiten an herausfordernden Aufgaben gegeben sein. Auch gibt es keine störenden Hierarchien, die den Fokus von der Leistung auf Positionen lenken und insofern destruktiv statt entwickelnd wirken. Der agile Grundsatz, dass die Menschen und ihre Interaktionen höher zu bewerten sind als vorgegebene Prozesse und Werkzeuge, unterstützt die Entwicklungsmöglichkeiten jedes Einzelnen.

Geht man zu den Wurzeln von Scrum im Wissensmanagement, so findet man hier als Kriterium besonders guter Ergebnisse besonders hohe Herausforderungen an das Team. Dies deckt sich mit den Aussagen Maliks. Die Managementmethodik Scrum fokussiert diesen Aspekt aber nicht. Im "Agilen Manifest" findet sich stattdessen die Forderung nach einem nachhaltigen, dauerhaft praktikablen Arbeitstempo. Hier wird also keine Forderung nach Hochleistungsteams gestellt. Umgekehrt geht man davon aus, dass die Ergebnisse eines selbstorganisierten Teams aufgrund des Phänomens der Emergenz deutlich besser sind. Scrum bietet dadurch hervorragende Möglichkeiten voneinander zu lernen und gemeinsam zu überragenden Ergebnissen zu kommen.

Die Entwicklung und Förderung im Sinne Maliks meint allerdings eine bewusst von außen gesteuerte Einflussnahme. Das Rollenverständnis des Scrum Masters beinhaltet diesen Aspekt nur mit Blick auf das gesamte Team, in der Rolle als Teamcoach. Inwieweit der Scrum Master darüber hinaus indirekt steuernd auf die Entwicklung einzelner Mitarbeiter einwirkt, bleibt seinem Selbstverständnis überlassen.

Zusammenfassend kann gesagt werden, dass Scrum gute Voraussetzungen zur Entwicklung und Förderung von Menschen bietet, dies aber nur im Rahmen des Wissensmanagement und der Teamförderung thematisiert.

Ergänzend zu einem Verständnis als Teamcoach scheint es sinnvoll, dass der Scrum Master als laterale Führungskraft auch individuelle Coachingaspekte in seine Arbeit einbezieht.

Aufgabe	Unterstützung	Ergänzung	Widerspruch
Menschen entwickeln und fördern	Teilweise	Sinnvoll	Keiner

Tabelle 13: Bewertung der Aufgabe Menschen entwickeln und fördern in Scrum

4.3 Werkzeuge wirksamer Führung

Scrum beschreibt wie gesagt eine Methodik, aber nicht die konkrete Umsetzung und insofern auch keine konkreten Werkzeuge. Dergleichen sind in dieser Studie aber auszugsweise als *Typische Praktiken* aufgeführt worden. Nachdem bei den bisher beleuchteten Grundsätzen und Aufgaben wirksamer Führung eine hohe Kongruenz zwischen dem Modell Maliks und Scrum festzustellen war, ist zu erwarten, dass diese auch in den Werkzeugen zu finden ist, wenn auch als ergänzende Aspekte für Scrum.

4.3.1 Sitzung

Betrachtet man den Umgang und die Regeln bezüglich Sitzungen in Scrum, so könnte man meinen, diese seien von Malik direkt übernommen. Die Forderungen in Scrum sind nahezu identisch mit denen Maliks.

Die Vorbereitung eines Meetings im Scrum beinhaltet die richtige Auswahl der benötigten Personen und die klare Kommunikation des Meetingziels sowie eine Agenda mit Zeitplanung. Die Durchführung beinhaltet Pünktlichkeit, die Benennung von Moderator und Protokollant, Start mit der To-do-Liste des letzten Meetings, Zusammenfassung und die Zustimmung aller Beteiligten für jeden Agendapunkt und zuletzt die Bestimmung *Wer? Was? bis Wann?* erledigt. Die Nachbereitung beinhaltet den Versand des Protokolls und der To-do-Liste an alle Beteiligten und das Einholen des Feedback der Beteiligten, um Meetings zu verbessern. Also ganz entsprechend Maliks Forderungen.

Maliks Ziel, den Bedarf an Sitzungen zu minimieren, um die Organisation nicht auszubremsen, wird in Scrum realisiert, indem nur die wirklich notwendigen Meetings definiert und vorgesehen werden. Diese Meetings sind hoch strukturiert und zielorientiert. So hilft das viertelstündliche Daily-Scrum-Meeting bei dem andauernden Nachfassen und Kontrollieren sowie dabei, Probleme und Risiken zeitnah aufzudecken und angehen zu können. Das Planning Meeting kommuniziert eine klare Zielvorstellung und erlaubt die Planung des dazugehörenden Arbeitspaketes. Das Review dient der Abnahme eines Aufgabenpaketes und die Retrospektive der kontinuierlichen Verbesserung. Diese Meetings sind für die optimale Zusammenarbeit der Gruppe im Hinblick auf die Zielerreichung notwendig.

Die Meetings unterstützen also geradlinig und mit Minimalaufwand sowohl Effektivität als auch Effizienz der Arbeit für alle Beteiligten.

Malik gibt darüber hinaus noch anschauliche und hilfreiche Tipps, wie zum Beispiel zu Ad-Hoc-Meetings, die im Scrum-Umfeld, insbesondere für den Scrum Master, ebenfalls ihre Gültigkeit und Berechtigung haben.

Zusammenfassend kann gesagt werden, dass die Forderungen an den Umgang mit dem Werkzeug Sitzungen in Scrum und bei Malik quasi identisch sind.

Ergänzend lohnt sich die Kenntnis von Maliks Ausführungen zum Thema. Sie sind in ihrer Anschaulichkeit eine Bereicherung.

Werkzeug	Unterstützung	Ergänzung	Widerspruch
Sitzung	Vollständig	Sinnvoll	Keiner

Tabelle 14: Bewertung des Werkzeugs Sitzung in Scrum

4.3.2 Bericht

In Scrum sind genau drei Schriftstücke vorgesehen. Auf den Umgang mit dem geschriebenen Wort, im Sinne Maliks, wird bei Scrum als Framework nicht näher eingegangen. Das wichtigste Element der Wirksamkeit von Schriftstücken laut Malik, nämlich die Empfängerorientierung, findet sich allerdings in den Schriftstücken von Scrum hervorragend ausgeprägt wieder. Im Folgenden sei dies näher beleuchtet.

Das *Burndownchart* liefert, abstrakt gesprochen, in komprimierter Form die Transparenz über den Fortschritt der Zielerreichung. Form und Inhalt adressieren somit vorzüglich sämtliche Managementebenen. Konkret sind das, die *Teammitglieder* selbst, für das Selbstmanagement und die Selbstorganisation; der *Scrum Master*, für das Selbstmanagement, das Risikomanagement sowie für die Unterstützung des Teams; der *Productowner*, für das Selbstmanagement, das Risikomanagement und das Stakeholdermanagement, also letztlich die Priorisierung der Anforderungen; gegebenenfalls sind das auch oberhalb des Scrum-Teams stehende *Managementinstanzen*. Diese können insbesondere für die Beseitigung von äußeren Hindernissen interessant sein.

Das *Productbacklog* adressiert im Grunde alle Stakeholder und das gesamte Scrum-Team, inklusive Scrum Master und Productowner. Es muss also für Menschen und Spezialisten aus den verschiedensten Bereichen verständlich sein. Deshalb ist das Productbacklog natürlichsprachlich. Die Methode der Wahl in Scrum ist die Arbeit mit *User Stories*. Diese erlauben es in der gemeinsamen Auseinandersetzung mit einem Thema ein gemeinsames Verständnis zu erreichen. Eine bessere Empfängerorientierung ist kaum denkbar.

Betrachtet man das *Sprintbacklog*, so sind hier die Teammitglieder, welche es erstellen, selbst die Empfänger.

Über den kontinuierlichen Verbesserungsprozess, der Retrospektive, ist gewährleistet, dass eine fehlende Qualität der Schriftstücke aufgedeckt wird und gegebenenfalls im Dialog mit dem oder den Empfängern verbessert werden kann.

Zusammenfassend kann gesagt werden, dass die starke kommunikative Ausrichtung von Scrum die Empfängerorientierung aller Artefakte, nicht nur in Schriftstücken, sehr gut gewährleistet.

Werkzeug	Unterstützung	Ergänzung	Widerspruch
Bericht	Vollständig	Überflüssig	Keiner

Tabelle 15: Bewertung des Werkzeugs Bericht in Scrum

4.3.3 Job-Design und Assignment Control

Die in Scrum gegebene Stellengestaltung findet sich in der Definition der drei Kernrollen, die dem Wissensmanagement entspringen. Dies passt sehr gut zum Standpunkts Maliks, der es für wichtig hält, aufgrund der Zuwachsrate von Kopfarbeitern darauf den Fokus zu setzen. Ganz wie Malik die Managementaufgaben allgemein beschreibt, werden in Scrum die jeweiligen Rollen allgemein beschrieben. Eine weiterführende Stellengestaltung ist in dem Managementgerüst noch implizit durch die Scrum-Regeln und -Abläufe enthalten. Die spezifischen Aufgaben ergeben sich aber erst im jeweiligen Umfeld als spezifische Sachaufgaben.

Malik benennt typische Fehler der Stellengestaltung. Im Folgenden soll Scrum auf diese Fehler hin beleuchtet werden.

Der zu kleine Job und *der zu große Job,* der jemandem zugewiesen wird, sind klassische Fehler, insbesondere der *zu kleine Job.* In Scrum werden Jobs nicht zugewiesen, sondern in Selbstorganisation erledigt. Jeder hat also Chancen, angemessene Jobs für sich zu finden. Dem Scrum Master könnte hier wie bereits gesagt noch eine indirekt steuernde Stellung zugebilligt werden.

Mit dem *Schein-Job* oder *Non-Job* bezeichnet Malik Jobs, in denen Einfluss und Verantwortung nicht proportional zueinander sind. Dergleichen ist in Scrum strukturell ausgeschlossen. Jeder Einzelne übernimmt konkrete Aufgaben, die zu konkreten Ergebnissen führen, welche zur Zielerreichung notwendig sind. Statt Hierarchie und Positionen gibt es Aufgaben und Verantwortung. Der Einfluss jedes Einzelnen entspricht also exakt der Verantwortung, die er übernimmt. Sollten sich in der Gruppendynamik des Teams Hierarchie und Positionen entwickeln, so ist es die Aufgabe des Scrum Masters zu intervenieren, da er die emergente Selbstorganisation des Teams erhalten soll.

Der Multipersonen-Job beschreibt einen Job, an dem und für den viele Personen gleichzeitig arbeiten und zuständig sind. Stattdessen sollte ein Job immer von einer Person und ihrer Organisationseinheit erledigt werden können. Genau dies wird in Scrum gelebt. Für das Iterationsziel gibt es den Hauptverantwortlichen Productowner, der mit dem Team und dem Scrum Master eine *ergebnisverantwortliche Einheit* bildet. Die einzelnen Aufgaben innerhalb der Iteration wiederum werden von den einzelnen *Teammitgliedern als Organisationseinheiten* realisiert. Gleichzeitiges Arbeiten an denselben Aufgaben würde direkt am Taskboard, spätestens aber im Daily Scrum auffallen und hinterfragt werden. Der Multipersonen-Job ist also, trotz der klar deklarierten Teamverantwortlichkeit in Scrum, ausgeschlossen.

Die *Jobs mit ein bisschen von allem* sind die Jobs, welche Menschen in die Verzettelung und Zersplitterung zwingen. Scrum bewirkt genau das Gegenteil, da es auf die Aufgaben und Ergebnisse fokussiert. Durch den Schnitt der Aufgaben in Tagespakete, kombiniert mit dem ergebnisorientierten Daily Scrum und dem visualisierten Bezug der Arbeitspakete (Taskboard) zum Iterationsziel wird die Konzentration auf die jeweilige Aufgabe hervorragend gefördert. Eine Verzettelung würde im Daily Scrum sofort auffallen.

Als *Killer-Jobs* oder *unmögliche Jobs* bezeichnet Malik jene Jobs, die an die Menschen so gänzlich verschiedene Anforderungen stellen, dass ihnen schier kein gewöhnlicher Mensch gewachsen sein kann. In Scrum ist klar definiert, dass ein Team so aufgestellt sein muss, dass alle benötigten Fähigkeiten vorhanden sind. Verschiedene Aufgaben erfordern verschiedene Fähigkeiten und somit auch verschiedene Menschen. In Scrum soll das Team deshalb interdisziplinär passend zur Gesamtaufgabe zusammengestellt sein. Der Killer-Job wird so vermieden. Teams in Scrum werden im Deutschen als *multifunktional* bezeichnet. Im Englischen wird die Bezeichnung *crossfunctional* verwendet. Letztere Bezeichnung enthält noch stärker die Implikation der starken interdisziplinären Zusammenarbeit, die kein starres Verharren im eigenen Spezialistentum erlaubt. Auch zu diesem Thema haben wir ähnliche Ansichten auch von Malik bereits kennengelernt.

Den Aspekt der *Einsatzsteuerung* (Assignment Control), den Malik als wesentlich für die Effektivität bezeichnet, also dafür, *die richtigen Dinge zu tun*, findet man auch in Scrum wesentlich ausgeprägt. Kernelement hierbei ist das Planning Meeting, welches auf einem gut vorbereiteten und vor allem priorisierten Productbacklog aufsetzt. Im Planning Meeting werden gemeinsam die Aufgaben festgelegt, die zur Zielerreichung eines Sprints führen. Es besteht also Klarheit, worum es geht. Hier findet außerdem aktives Wissensmanagement statt, indem die unterschiedlichen Kenntnisse und Perspektiven des gesamten Scrum-Teams zusammengeführt werden und das Phänomen der Emergenz genutzt wird. Dasselbe gilt im Grunde bereits bei der Vorbereitung des Productbacklogs. Dieses verantwortet zwar der Productowner, doch gewähren sowohl Scrum Master als auch das Team rollenspezifisch ihre Unterstützung. Der Scrum Master hat dabei auch kontrollierende Funktion, denn *ohne adäquates Productbacklog kein Sprint*. Sind die Aufgaben festgestellt, so ist der Daily Scrum der nächste Aspekt der Einsatzsteuerung. Hier findet sozusagen die tägliche Einsatzsteuerung statt, und zwar durch das Team selbst, wobei die Anwesenheit des Productowners erwünscht ist. Der Scrum Master greift im Bedarfsfall steuernd ein oder unterstützt bei der Beseitigung von Arbeitshindernissen. Da der Productowner auch im Laufe des Sprints zur Verfügung steht, können unvorhergesehene Probleme, für die er benötigt wird, zeitnah gemeinsam besprochen werden. Neben der Planung ist also auch im Laufe der Iteration dafür gesorgt, dass nicht versehentlich zu lange die falschen Dinge getan werden. Dies entspricht ganz dem Gedanken *Jidoka*[266].

Zusammenfassend kann gesagt werden, dass in Scrum das Werkzeug der Einsatzsteuerung ausgeprägt verwendet wird. Typische Fehler der Stellengestaltung werden vermieden.

---

[266] Vgl. Kapitel: Scrum, Werte, Schlanke Produktion

Ergänzend sind die Ausführungen Maliks, zur Sensibilisierung auf Fehlentwicklungen, für den Scrum Master zu empfehlen.

Werkzeug	Unterstützung	Ergänzung	Widerspruch
Job-Design und Assignment Control	Teilweise	Sinnvoll	Keiner

Tabelle 16: Bewertung des Werkzeugs Job-Design und Assignment Control in Scrum

4.3.4 Persönliche Arbeitsmethodik

Die persönliche Arbeitsmethodik als Kern des Selbstmanagements wird durch die hoch strukturierte Methodik Scrum stark gefordert und optimal gefördert.

Die Aspekte *Nutzung der Zeit* und *Verarbeitung von Input* werden in Scrum durch das durchgängige *Timeboxing*, die *Priorisierung* und die *Retrospektiven* optimal gefördert. Einem Ziel wird immer ein Zeitfenster zugeordnet. Dieses ist zwingend einzuhalten, auch wenn das Ziel nicht erreicht wurde. Nach jeder Timebox finden eine Rückschau und eine Neuplanung statt. So können Korrekturen, strengere Priorisierung und weitere Steuerungsmechanismen eingebracht werden. Diese werden sich immer am Gesamtziel orientieren. Auch wenn in Scrum iterationsweise gearbeitet wird, so gibt es trotzdem unterschiedlich entfernte Ziele. Das Herunterbrechen der Ziele wird allerdings immer erst zeitnah durchgeführt. Je näher das Ziel, desto detaillierter hat die Analyse stattgefunden[267].

Die *Einhaltung von Pendenzen und Terminen* sind in Scrum perfekt systematisiert. Planning Meeting, Daily Scrum und Burndownchart sprechen für sich. Die Timebox ist auch hier wieder zu nennen, insbesondere unter dem Aspekt der Disziplinierung. So erinnern wir uns, dass nicht nur die Einhaltung von Endterminen großen Stellenwert in Scrum hat, sondern explizit auch die Einhaltung der Starttermine[268].

---

[267] Vgl. Scrum_Cohn, Das Product Backlog als Eisberg, S. 274ff

[268] Vgl. Kapitel: Scrum, Typische Praktiken, Meetingregeln

Die *Routinisierung von Abläufen*, als Element der Arbeitsmethodik, ist in Scrum sozusagen immanent. Im Scrum Flow, mit seinen sich rhythmisch wiederholenden Elementen, entsteht etwas, das in Scrum *Beat* genannt wird. Der Daily Scrum, die gleichlangen Iterationen mit ihren definierten Strukturen führen zu einer angenehmen Routinisierung der Arbeitsabläufe, ohne allerdings Routineinhalte zu haben. Eine Routinisierung von Arbeitsinhalten, in Form von einer Checkliste, wie von Malik konkret genannt, würde in Scrum der Eigeninitiative und dem Verbesserungsprozess in der Gruppendynamik des Teams überlassen. Der Scrum Master könnte hier den methodischen Vorschlag einbringen.

Insgesamt ist zu betonen, dass Scrum durch die vorgegebene Struktur sowie die hohe Transparenz und Ergebnisorientierung eine disziplinierende Wirkung auf die Mitarbeiter hat. Das Regelwerk strukturiert und systematisiert den Arbeitsalltag bereits sehr weitgehend. Menschen, die Scrum kennengelernt und erlebt haben, verwenden die Methodik häufig auch für sich persönlich zu verschiedenartigsten Gelegenheiten, sei es in einem anderen Arbeitsumfeld oder privat. Priorisierung, Planung von Teilaufgaben, die täglichen drei Fragen, iteratives Vorgehen und anschließende Rückschau sind alles Aspekte, die auch jeder für sich selbst einzeln nutzen kann[269].

Die von Malik des Weiteren aufgeführten Aspekte der Arbeitsmethodik, wie *Erstellung von Schriftstücken*, *Memory-System* etc., bleiben in Scrum jedem Einzelnen bzw. dem Regelwerk des Teams überlassen.

Zusammenfassend kann gesagt werden, dass Scrum ausgesprochen systematisierend und disziplinierend wirkt und insofern die persönliche Arbeitsmethodik hervorragend fördert.

Ergänzend sind die Ausführungen von Malik, insbesondere für die Managementaufgaben des Productowners und Scrum Masters, zu empfehlen.

Werkzeug	Unterstützung	Ergänzung	Widerspruch
Persönliche Arbeitsmethodik	Vollständig	Sinnvoll	Keiner

Tabelle 17: Bewertung des Werkzeugs Persönliche Arbeitsmethodik in Scrum

[269] Erfahrungen aus dem eigenen Umfeld der Verfasserin

4.3.5 Budget und Budgetierung

Da in Scrum der Productowner die Verantwortung für das Ergebnis, insbesondere im Hinblick auf die Rentabilität trägt, ist er auch für das Budget verantwortlich. Ihm obliegt die Budgetierung der Produktrealisierung. Insofern deckt sich die Herangehensweise in Scrum mit der Forderung Maliks, dass *jede ergebnisverantwortliche Einheit ein eigenes Budget* erhält. Auch die Regelung der klaren Verantwortlichkeit bei einer Person (Productowner) ist voll gegeben.

Weitere Forderungen Maliks, wie das Aufführen von Vergleichen und Differenzen sowie von Kennzahlen und Zusammenhängen, werden durch die hohe Transparenz, das strukturierte Vorgehen und die systematisierte Retrospektive wesentlich erleichtert und unterstützt.

Explizit geht die Methodik Scrum aber nur auf die Verantwortung der Rolle des Productowners ein, auf das *Wie?* wird nicht eingegangen.

Zusammenfassend kann gesagt werden, dass Scrum vom Grundsatz her auf einen adäquaten Einsatz des Instrumentes Budget ausgelegt ist und die Strukturen unterstützend wirken.

Ergänzend sind die Ausführungen Maliks insbesondere für den Productowner zu empfehlen, da Scrum hierfür auch im Bereich der typischen Praktiken nichts Eigenes bietet.

Werkzeug	Unterstützung	Ergänzung	Widerspruch
Budget und Budgetierung	Teilweise	Notwendig	Keiner

Tabelle 18: Bewertung des Werkzeugs Budget und Budgetierung in Scrum

4.3.6 Leistungsbeurteilung

In Scrum ist eine Art der Leistungsbeurteilung im weitesten Sinne das *Review*, in welchem der Productowner das Sprintergebnis quasi abnimmt. Der Productowner selbst wird, wie gesagt, an dem sogenannten *Return on Invest* gemessen. Ansonsten gibt es noch die eigene Beurteilung und Rückschau im

Rahmen der Retrospektive. Darüber hinaus wird das Thema in Scrum nicht thematisiert.
Malik spricht allerdings von der persönlichen Leistungsbeurteilung. Eine persönliche Leistungsbeurteilung in Kombination mit Teamzielen und Teamergebnissen würde aber keinen Sinn machen. Dies ist aus Maliks Ausführungen klar zu entnehmen. Einzelleistungen speziell zu honorieren ist heikel, da dies potentiell das Team als Einheit gefährdet. Die Problematik, Einzelziele so zu gestalten, dass das Gesamtziel gefördert wird, hat Malik auch ausführlich beschrieben. Von dem Versuch ist bei Scrum klar abzuraten, da es auf die spontane Kreativität und die Selbstorganisation der Zusammenarbeit negativen Einfluss hätte. Der gewünschte Effekt der Emergenz wäre in hohem Maße gefährdet.
Grundsätzlich entsprechen aber die von Malik beschriebenen Aspekte wie Vermeidung von Standardprofilen bzw. Beurteilungssystemen mit Standardkriterien und stattdessen persönliche Beobachtung und Beurteilung voll den Wertvorstellungen in Scrum, wo die Mitarbeiter als Individuen im Vordergrund stehen[270]. Auch findet die von Malik als so wichtig beschriebene Erfahrung von Erfolg und Misserfolg bzw. das Erreichen und Verfehlen von Zielen und die Möglichkeit zur Leistungsverbesserung in Scrum in hohem Maße statt. Das Daily Scrum, das Review, die Retrospektive und die Teamzusammenarbeit seien als wesentliche unterstützende Elemente genannt. Darüber hinaus hat der Scrum Master grundsätzlich gewisse Möglichkeiten[271], entwickelnd und fördernd auf Mitarbeiter einzuwirken.
Zusammenfassend kann gesagt werden, dass die Grundsätze für eine adäquate Leistungsbeurteilung in Scrum gegeben sind. Für eine Leistungsbeurteilung ist aber, abgesehen vom Productowner, nicht der einzelne Mitarbeiter, sondern das Team als Ganzes zu betrachten.
Ergänzend zu den bestehenden Gegebenheiten erscheint es sinnvoll in Anlehnung an Maliks Ausführungen Teambeurteilungen zu etablieren. Derglei-

270 Vgl. Kapitel: Scrum, Werte, Agiles Manifest
271 Vgl. Kapitel: Scrum auf dem Prüfstein, Werkzeuge wirksamer Führung, Menschen entwickeln und fördern

chen ist mit zunehmendem Einsatz von Scrum auch zunehmend Thema in der Community[272].

Werkzeug	Unterstützung	Ergänzung	Widerspruch
Leistungsbeurteilung	Teilweise	Notwendig	Interpretationsfähig

Tabelle 19: Bewertung des Werkzeugs Leistungsbeurteilung in Scrum

4.3.7 Systematische Müllabfuhr

Die systematische Müllabfuhr ist in Scrum im Rahmen der Retrospektive institutionalisiert. Die Retrospektive wird in einer lösungsorientierten[273] Variante, die sehr gut zu den Ansätzen Maliks passt, wie folgt durch drei Leitfragen[274] strukturiert:

1. Was sollten wir aufhören zu tun?
2. Was sollten wir beibehalten zu tun?
3. Was sollten wir neu anfangen zu tun?

Die Formulierung der ersten Frage ist derart gestaltet, dass es nicht nur darum geht, Störendes bzw. Probleme zu eliminieren, sondern auch darum, Überflüssiges aufzugeben.
Die drei Fragen beziehen sich dabei auf verschiedene Aspekte des vergangenen Sprints. Pelrine fasst diese in einem Satz zusammen:

> "How did we do?"[275]

Das ***how*** bezieht sich auf die produzierten Ergebnisse. Hier wird insbesondere auf das Review Bezug genommen. Das ***we*** bezieht sich auf das Team und

---

[272] 2011 kam das Buch "Erfolgreich mit Scrum-Einflussfaktor Personalmanagement. Finden und Binden von Mitarbeitern in agilen Unternehmen" von Andre Häusling und Boris Gloger heraus.

[273] Vgl. Scrum_Pichler, Die Scrum-Retrospektive, S. 115

[274] Exakt diese Variante hat die Verfasserin, inspiriert von den Ausführungen Maliks, bereits sehr erfolgreich selbst praktiziert.

[275] Scrum_Schulung, 5-4; siehe Anhang 3

die Zusammenarbeit im Team, das ***did do*** bezieht sich auf die gelebten Prozesse.
Auf alle diese Aspekte wird entsprechend der ersten Frage eine Entschlackung durchgeführt.
Aber auch im agilen Softwareentwicklungsprozess finden wir die systematische Müllabfuhr, insbesondere im Rahmen des Refactorings. Das Prinzip YAGNI[276] ist ein weiteres Beispiel. Hier geht es darum, absolut nichts Überflüssiges zu produzieren oder zu behalten.
Zusammenfassend kann gesagt werden, dass das Instrument der systematischen Müllabfuhr in Scrum ideal, nämlich in regelmäßigen Abständen wiederkehrend eingesetzt wird.
Ergänzend lohnen sich Maliks Ausführungen insbesondere für den Scrum Master, da sie viele praxistaugliche Anregungen enthalten.

Werkzeug	Unterstützung	Ergänzung	Widerspruch
Systematische Müllabfuhr	Vollständig	Sinnvoll	Keiner

Tabelle 20: Bewertung des Werkzeugs Leistungsbeurteilung in Scrum

4.4 Scrum und die lebensfähige Organisation

In diesem Kapitel wird prinzipiell aufgezeigt, ob bzw. wie Scrum als lebensfähiges System in Frage kommen kann und ob es entsprechend auch auf eine lebensfähige Organisation skalieren kann.

4.4.1 Erfüllung der Prinzipien

Das *Prinzip der Lebensfähigkeit* und das *Prinzip der Rekursion* gehen, wie wir gesehen haben, Hand in Hand.
Jeder Mensch ist ein lebensfähiges System und kann innerhalb eines lebensfähigen Systems wiederum als eine elementare Organisationseinheit oder ergebnisverantwortliche Einheit betrachtet werden. Angewandt auf Scrum

---

276 YAGNI steht für "You Ain't Gonna Need It"

wäre das gesamte Scrum-Team (Kernrollen) ein lebensfähiges System auf einer ersten Rekursionsebene. Das Team wäre dabei die Division oder operative Einheit. Der Scrum Master und der Productowner hätten die Aufgaben der Divisionsführung oder Lenkungsinstanz. Die nächste Rekursionsebene wäre bei mehreren Scrum-Teams gegeben. Jedes einzelne Scrum-Team wäre wiederum eine elementare Organisationseinheit. Da Scrum rekursiv skaliert, läge auch auf einer höheren Ebene die Divisionsführung, also das Management, bei Productowner und Scrum Master.

Das Prinzip der Lebensfähigkeit und das Prinzip der Rekursion sind also prinzipiell erfüllt.

Auch das *Prinzip der relativen Autonomie* findet sich in Scrum wieder. Die hohe Selbstverantwortung und Autonomie jedes einzelnen Teammitgliedes und des Teams als Ganzem sind in Scrum als Selbstorganisation des Teams fest verankert, gleichzeitig sind die Vorgaben der Managementeinheit Scrum Master und Productowner in Form der Scrum-Regeln und der Zielvorgaben des Productowners bindend.

4.4.2 Systeme und Subsysteme

Im Folgenden sollen kurz die oben angerissenen verschiedenen Möglichkeiten der Systemlokalisation, also zur Lokalisation der funktionalen Subsysteme, aufgezeigt werden.

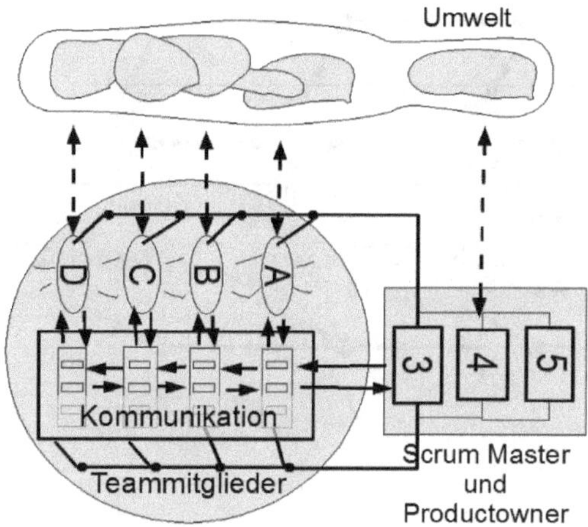

Abbildung 13: Scrum-Team als lebensfähiges System

Obiges Bild zeigt uns das Scrum-Team als elementare Organisationseinheit. Die Teammitglieder repräsentieren jeweils ein System 1. Das System 2 wird durch die informelle Kommunikation im Team repräsentiert. Methoden wie Pair Programming könnten eine Formalisierung darstellen. Das Team insgesamt ist wiederum eine operative Einheit, Productowner und Scrum Master sind die Managementeinheit. Über sie wird die Befehlskette in Richtung Team realisiert und umgekehrt erhalten sie Rückmeldungen und Informationen aus dem Team.

Auf höherer Rekursionsebene stellt sich das System mit mehreren Scrum-Teams wie folgt dar:

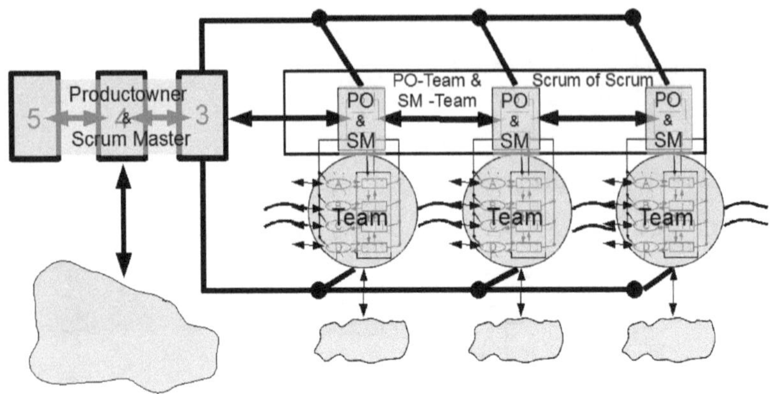

Abbildung 14: Scrum-Skalierung als lebensfähiges System

Jedes Scrum-Team ist eine elementare Organisationseinheit, eine ergebnisverantwortliche Einheit, im Kontext des höheren Systems also ein System 1. Das System 2 wird beim skalierten Scrum zum Teil formalisiert, indem die Teams übergreifende Scrum Meetings abhalten (Scrum of Scrum) und auch die Productowner- und Scrum-Master-Teams bilden, in denen Scrum Meetings abgehalten werden. Das gesamte System wird wiederum durch eine Managementeinheit bestehend aus Productowner und Scrum Master gesteuert.

5 Fazit

Die These dieser Studie und die zugrunde gelegten Annahmen der These haben sich bestätigt:

1. Wie bereits aus der Definition von Scrum hervorgeht, ist es genau wie das Standardmodell Maliks dezidiert für den Einsatz in einem komplexen Umfeld geschaffen.
2. Die Anwendung aller von Malik genannten Grundsätze, Aufgaben und Werkzeuge auf Scrum hat gezeigt, dass sie entweder bereits vorhanden sind oder eine Ergänzung mit Scrum sinnvoll möglich erscheint. Relevante Widersprüche wurden nicht gefunden.
3. Scrum bietet geeignete Strukturen, um das Managementmodell umzusetzen. Die meisten Elemente des Modells werden in Scrum aktiv unterstützt und entsprechen der Methodik vollständig. Bei anderen Elementen finden sich sinnvolle Ergänzungsmöglichkeiten.
4. Es konnte darüber hinaus noch gezeigt werden, dass Scrum Strukturen aufweist, die eine Organisation als lebensfähiges System erlauben. Eine Skalierung ist also unter Beibehaltung der Lebensfähigkeit im Sinne der Managementkybernetik möglich.

Scrum kann also als geeignete Methodik für wirksames Management im Sinne Fredmund Maliks betrachtet werden.

Grundsatz	Unterstützung	Ergänzung	Widerspruch
Resultatorientierung	Vollständig	Überflüssig	Keiner
Beitrag zum Ganzen	Vollständig	Überflüssig	Keiner
Konzentration auf Weniges	Vollständig	Überflüssig	Keiner
Vorhandene Stärken nutzen	Teilweise	Sinnvoll	Keiner
Vertrauen	Vollständig	Sinnvoll	Keiner
Positiv Denken	Vollständig	Überflüssig	Keiner

Tabelle 21: Übersicht über die Bewertung der Grundsätze

Aufgabe	Unterstützung	Ergänzung	Widerspruch
Für Ziele sorgen	Vollständig	Überflüssig	Keiner
Organisieren	Vollständig	Überflüssig	Keiner
Entscheiden	Vollständig	Sinnvoll	Keiner
Kontrollieren	Vollständig	Überflüssig	Keiner
Menschen entwickeln und fördern	Teilweise	Sinnvoll	Keiner

Tabelle 22: Übersicht über die Bewertung der Aufgaben

Werkzeug	Unterstützung	Ergänzung	Widerspruch
Sitzung	Vollständig	Sinnvoll	Keiner
Bericht	Vollständig	Überflüssig	Keiner
Job-Design und Assignment Control	Teilweise	Sinnvoll	Keiner
Persönliche Arbeitsmethodik	Vollständig	Sinnvoll	Keiner
Budget und Budgetierung	Teilweise	Notwendig	Keiner
Leistungsbeurteilung	Teilweise	Notwendig	Interpretationsfähig
Systematische Müllabfuhr	Vollständig	Sinnvoll	Keiner

Tabelle 23: Übersicht über die Bewertung der Werkzeuge

Zu betonen ist aber, dass sich daraus nicht schließen lässt, dass Scrum das Modell hinreichend erfüllt. Wie wir gesehen haben, bietet Scrum hervorragende Unterstützung, doch es deckt nicht alle Aspekte Maliks vollständig ab. Man kann Scrum vielmehr als eine methodische Unterstützung für das Managementmodell Maliks betrachten, insbesondere hinsichtlich der praktischen Realisierung. Umgekehrt bietet das Modell Elemente, die in Scrum als ergänzende Aspekte sinnvoll erscheinen.

Scrum ist also eine hervorragend geeignete Methodik zur Unterstützung der praktischen Umsetzung des Modells von Malik. Das Managementmodell Maliks ergänzt die Methodik Scrum sinnvoll um fehlende Aspekte. Die beiden ergänzen sich also synergetisch.

In diesem Sinne sei ein erweitertes Fazit wie folgt formuliert:

Scrum und das Standardmodell wirksamen Managements von Malik bilden eine praxisorientierte Synthese systemischen Managements.

Literaturverzeichnis

Achouri: Cyrus Achouri, Wenn Sie wollen, nennen Sie es Führung. Systemisches Management im 21. Jahrhundert, GABAL Verlag, 2011.

Malik00: Fredmund Malik, Strategie des Management komplexer Systeme. Ein Beitrag zur Management-Kybernetik evolutionärer Systeme, Haupt Verlag, 2008, 10. Auflage.

Malik01: Fredmund Malik, Führen Leisten Leben. Wirksames Management für eine neue Zeit, Campus Verlag, 2006, Neuausgabe.

Modelle_Biberger: Ulrich Biberger, Gestaltungshinweise für agile Software-Entwicklungsprojekte unter dem Blickwinkel der Kybernetik, GRIN Verlag, 2009.

Modelle_Lehmbach: Jens Lehmbach, Vorgehensmodelle im Spannungsfeld traditioneller, agiler und Open-Source-Softwareentwicklung, ibidem-Verlag, 2007.

Scrum_Cohn: Mike Cohn, Agile Softwareentwicklung. Mit Scrum zum Erfolg!, Addison-Wesley Verlag, 2010.

Scrum_Gloger: Boris Gloger, Scrum. Produkte zuverlässig und schnell entwickeln, Hanser Verlag, 2011, 3. Auflage.

Scrum_HWolfEtAl: Henning Wolf, Rini van Solingen, Eelco Rustenburg, Die Kraft von Scrum. Inspiration zur revolutionärsten Projektmanagement-Methode, Addison-Wesley Verlag, 2011.

Scrum_Pichler: Roman Pichler, Scrum. Agiles Projektmanagement erfolgreich einsetzen, dpunkt.Verlag, 2008.

Scrum_roots: Hirotaka Takeuchi, Ikujiro Nonaka, Havard Business Review. The New New Product Development Game, Havard Business School Publishing, 1986, Januar/Februar, S. 285-305

Scrum_Schwaber: Ken Schwaber, Agiles Projektmanagement mit Scrum, Microsoft Press Deutschland, 2007.

Scrum_Schulung: Joseph Pelrine, The Tao of Scrum. Playing the Game to Win, Handout zur Scrum Master Schulung, 2008.

Scrum_Wirdemann: Ralf Wirdemann, Scrum mit User Stories, Hanser Verlag, 2009.

Scrum_Wissensmanagement: Ikujiro Nonaka, Hirotaka Takeuchi, Friedrich Mader (Übersetzer), Die Organisation des Wissens: Wie japanische Unternehmen eine brachliegende Ressource nutzbar machen, Campus Verlag, 1997.

Vester: Frederic Vester, Die Kunst vernetzt zu denken, Deutscher Taschenbuch Verlag, 2011, 8. Auflage.

Internet-Referenzen

Agilemanifesto: Schwaber et al, Manifesto for agile Software Development, http://agil emanifesto.org/, 2011

DoD: Dhaval Panchal, What is the Definition of Done, http://www.scrumalliance.or g/articles/105-what-is-definition-of-done-dod, 2008

Toyota: Toyota, The Toyota Way, http://www.toyota-forklifts.ch/De/company/Pag es/The%20Toyota%20Way.aspx, 2011

Wiki_Agile: Wikipedia, Agile Softwareentwicklung, http://de.wikipedia.org/wiki/Agi le_Softwareentwicklung, 2011

Wiki_Algedonisch: Wikipedia, Algedonische Schleife, http://de.wikipedia.org/wiki/Alg edonische_Schleife, 2011

Wiki_AshbysLaw: Wikipedia, Ashbysches Gesetz, http://de.wikipedia.org/wiki/Ashby sches_Gesetz, 2011

Wiki_Autopoiese: Wikipedia, Autopoiese, http://de.wikipedia.org/wiki/Autopoiesis, 2011

Wiki_Beer: Wikipedia, Stafford Beer, http://de.wikipedia.org/wiki/Stafford_Beer, 2011

Wiki_ChaosReport: Wikipedia, Chaos Report, http://de.wikipedia.org/wiki/Chaos-Studie, 2011

Wiki_DemngCycle: Wikipedia, Demingkreis, http://de.wikipedia.org/wiki/Demingkreis, 2011

Wiki_Drucker: Wikipedia, Peter Drucker, http://de.wikipedia.org/wiki/Peter_Drucker, 2011

Wiki_Emergenz: Wikipedia, Emergenz, http://de.wikipedia.org/wiki/Emergenz, 2011

Wiki_Foerster: Wikipedia, Heinz von Foerster, http://de.wikipedia.org/wiki/Heinz_vo n_Foerster, 2011

Wiki_IterInkr: Wikipedia, Interativ Inkrementell, http://de.wikipedia.org/wiki/Inkremen telles_Vorgehensmodell, 2011

Wiki_KaS: Wikipedia, Komplexes adaptives System, http://de.wikipedia.org/wiki/Komp lexes_adaptives_System, 2011

Wiki_Komplexität: Wikipedia, Komplexität, http://de.wikipedia.org/wiki/Komplexit%C 3%A4t, 2011

Wiki_Malik: Wikipedia, Fredmund Malik, http://de.wikipedia.org/wiki/Fredmund_Malik, 2011

Wiki_Managementkybernetik: Wikipedia, Managementkybernetik, http://de.wikiped ia.org/wiki/Managementkybernetik, 2011

Wiki_Scrum: Wikipedia, Scrum, http://de.wikipedia.org/wiki/Scrum, 2011

Wiki_Scrum_en: Wikipedia, Scrum engl., http://en.wikipedia.org/wiki/Scrum_%28devel opment%29, 2011

Wiki_Selbstähnlichkeit: Wikipedia, Selbstähnlichkeit, http://de.wikipedia.org/wiki/Se lbst-%C3%84hnlichkeit, 2011

Wiki_SystemischeFührung: Wikipedia, Systemische Führungsansätze, http://de.wikipedi a.org/wiki/Systemische_F%C3%BChrung#Systemische_Management-Ans.C3.A4tze, 2011

Wiki_TPS: Wikipedia, Toyota Produktionssystem, http://de.wikipedia.org/wiki/Toyota-Produktionssystem, 2011

Wiki_Ulrich: Wikipedia, Hans Ulrich, http://de.wikipedia.org/wiki/Hans_Ulrich_%28Wi rtschaftswissenschaftler%29, 2011

Wiki_VSM: Wikipedia, Viable System Model, http://de.wikipedia.org/wiki/Viable_Sy stem_Model, 2011

Wiki_VSM_en: Wikipedia, Viable System Model, http://en.wikipedia.org/wiki/Viab le_System_Model, 2011

Wiki_Wasserfall: Wikipedia, Wasserfallmodell, http://de.wikipedia.org/wiki/Wasserfall modell, 2011

Wiki_Wiener: Wikipedia, Stafford Beer, http://de.wikipedia.org/wiki/Stafford_Beer, 2011

Anhänge

Discipline

- Start on time, end on time
  - Don't go again to a meeting where the time plan isn't heeded
- Announce the moderator and minutes-keeper
  - Don't go again to a meeting where you've received no minutes from the previous meeting
- The first agenda item is the to-do list from the previous meeting
  - Don't go to a meeting without being sure that you've done all tasks from the previous meeting

Discipline - 2

- Every agenda item finishes with a summary and consensus of the attendees
  - Paraphrase the agreement, so that you're sure that everyone's understood the same thing
- An the end – define who does what, and by when it needs to be done
  - A meeting without a to-do list is a waste of time

Copyright (c) 2004-2008 Joseph Pelrine/MetaProg GmbH

Anhang 2: Scrum_Schulung 5-3

The Tao of Scrum 5 - Sprint Review and Retrospective

MetaProg®
Quality in Software

Sprint Retrospective

- Process improvement at end of every Sprint
- Facilitated by ScrumMaster
- What went well, what could be improved.
- ScrumMaster prioritizes based on team direction
- Team devises solution to most vexing problems
- "Project Retrospectives," Norman Kerth
- "Agile Retrospectives", Esther Derby & Diana Larsen

The Retrospective Prime Directive

"Regardless of what we discover, we understand and truly believe that everyone did the best job they could, given what they knew at the time, their skills and abilities, the resources available, and the situation at hand."

- Norm Kerth

Anhang 3: Scrum_Schulung 5-4

The Tao of Scrum 5 - Sprint Review and Retrospective

MetaProg®
Quality in Software

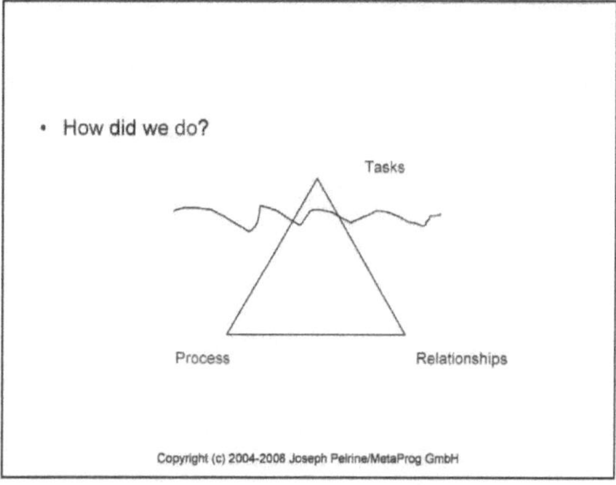

Retrospective safety

- Retrospectives are NOT about finding fault – they are about learning.
- Everything is OPTIONAL – if you feel uncomfortable, say "pass"
- You are your own best judge about how you feel

Anhang 4: Scrum_Schulung 6-1

Project Chartering

Planning and Estimation

1. The development team will estimate stories in Ideal Pair Days (the uninterrupted elapsed time that excludes meetings/sickness/days-off and does not include buffering). It is understood by the whole team that Ideal Pair Days are not equivalent to Man-Days. Estimates for stories include time for functional testing to be completed within the Sprint.

2. The whole team will collaborate to evolve stories as they approach being planned into the next Sprint. Over time, stories will be progressively split into tasks with a narrower functional focus. The tasks planned into the next Sprint will take between 1 and 2 Ideal Pair Days to complete.

Anhang 4: Scrum_Schulung 6-2

Definition of Done

For a story to be considered done (complete, ready for deployment to production and therefore counted in the team's velocity), the code should compile, have a simple design with the fewest classes, be well factored, have no duplication, be clean, adhere to the industry standard coding conventions, be self-documenting, communicate the programmer's intentions, be checked into the version control repository, be integrated and build successfully. The unit tests should pass at 100%, code coverage > 85%. All the acceptance tests should pass. Build time should be < 10 minutes. The story's implementation should be checked by a UI designer, the test team and the customer.

It is understood by the whole team that this should be accomplished within a Sprint.

Tracking Progress

1. The development team's progress in terms of expended effort and remaining effort will be tracked on a big visible burndown chart.

2. The number of running tested features will be tracked on a big visible chart.

Anhang 4: Scrum_Schulung 6-3

Test-Driven Development

1.The development team will write automated acceptance tests before writing implementation code. FIT will be used to directly test the business logic. Selenium will be used to test the UI.

2. The development team will write JUnit or JSUnit tests before writing Java or Javascript implementation code.

3. When a defect is located, the development team will write JUnit & JSUnit tests to reproduce the defect before fixing it.

Continuous Integration

1. The development team will integrate working code often, no longer than every 2 hours.

2. The development team will not tolerate broken builds. If the build is broken the team should refocus to fix the build immediately.

3. The development team will not check-in new code if the automated build is broken.

Anhang 4: Scrum_Schulung 6-4

The Tao of Scrum 6 - Project Chartering

MetaProg
Quality in Software

Coding

1. Developers will write all production code using pair programming.

2. Developers will write all production code to the Sun Java coding conventions.

3. The whole team owns all of the code.

4. The development team will use the code and tests as the primary source of any documentation to be produced.

Iterative and Incremental Development

1. The development team will deploy a new release of production-quality software to the DEMO/UAT environment every 4 weeks.

2. The development team will work to a weekly Sprint cycle starting on a Wednesday and concluding on the following Tuesday. The completed stories will be deployed to the DEV environment at the end of the iteration.

***ibidem*-Verlag**

Melchiorstr. 15

D-70439 Stuttgart

info@ibidem-verlag.de

www.ibidem-verlag.de
www.ibidem.eu
www.edition-noema.de
www.autorenbetreuung.de

Zeitfracht Medien GmbH
Ferdinand-Jühlke-Straße 7
99095 Erfurt, Deutschland
produktsicherheit@kolibri360.de